HISTOIRE

DU

PÈLERINAGE DE NOTRE-DAME DE BEAUCHÊNE

AU BOCAGE VENDÉEN

DÉCLARATION DE L'AUTEUR

Les termes de *miracles*, employés dans ces pages, doivent être pris dans un sens très large. Les faits extraordinaires, rapportés dans cet ouvrage, n'ont pour nous qu'une autorité purement traditionnelle. Notre intention, en les publiant, n'a point été de prévenir le jugement de l'Église; mais simplement d'augmenter la confiance des chrétiens envers l'Auguste Mère de Dieu.

HISTOIRE

DU

PÈLERINAGE

DE NOTRE-DAME DE BEAUCHÊNE

AU BOCAGE VENDÉEN

PAR

LE R. P. DOM VICTOR BONNEAU

CHANOINE RÉGULIER DE LA CONGRÉGATION DU TRÈS SAINT SAUVEUR DE LATRAN

NANTES

IMPRIMERIE ÉMILE GRIMAUD

4, PLACE DU COMMERCE, 4

1893

HISTOIRE

DU

PÈLERINAGE

DE NOTRE-DAME DE BEAUCHÊNE

AU BOCAGE VENDÉEN

PAR

LE R. P. DOM VICTOR BONNEAU

CHANOINE RÉGULIER DE LA CONGRÉGATION DU TRÈS SAINT SAUVEUR DE LATRAN

NANTES

IMPRIMERIE ÉMILE GRIMAUD

4, PLACE DU COMMERCE, 4

1893

PRÉFACE

Ce livre est un livre de bonne foi. J'entends par là que l'auteur ne l'a pas emmailloté de ce bagage scientifique et solennel qui rend aujourd'hui si longue et parfois si peu attrayante la lecture de certains ouvrages contemporains. Le R. P. Bonneau a écrit de la Sainte Vierge en pèlerin, en prêtre, en religieux, et nullement en élève de l'école des Chartes. Il n'avait pas, au reste, l'embarras du choix des matériaux. Une vieille église du XIIIe siècle avec son clocher lombard, une plaque de marbre relatant dans le chœur la donation insigne des seigneurs de Puyguyon, une charte de cette noble famille datant à peine de quelques siècles, voilà les sources techniques de son histoire. Mais au-dessus de cet humble monument de pierre, et de ce pauvre bout de parchemin, il y avait, s'enroulant autour du lieu béni, une tradition longue et touchante, passant de bouche en bouche, des pères aux enfants, s'avivant au contact de bienfaits surprenants, et se précisant dans des faits matériels, s'accrochant pour ainsi dire à ces trois ordres d'images : une statue, un chêne, un bœuf, les trois règnes de la nature par conséquent, auxquels l'esprit de l'homme, la foi du chrétien est venue donner une âme harmonieuse. La statue primitive devait être en effet de cette faïence décorée, chez nous si commune avant la Révolution. Si elle n'avait pas le charme artistique des statuettes grecques de Tanagra, qui sont, paraît-il, d'exquis modèles, elle représentait un idéal incomparable aux yeux de la foi.

Quant au chêne, il est ici chez lui. Il partage avec le châtaignier la royauté végétale de nos contrées. Je ne crois pas cependant que le chêne favorisé des bénédictions de la Sainte Vierge et du plaisant séjour de sa statue ait donné son nom au village sous le titre de *Beauchêne*. Ce sont les délicats, les beaux esprits à demi lettrés de l'endroit ou des bureaux voisins qui durent transformer en ce nom significatif, mais banal, l'appellation première de *Bouschaigne*, le *Chêne du Bœuf*, laquelle répond bien mieux au fond propre de notre légende. Il me manque d'être un peu *Dom Chamard* pour faire adopter cette étymologie, transparente à travers le sens de notre histoire. C'est en effet l'histoire de ce bœuf qui s'attarde, au lieu de paître, à ruminer au pied d'un arbre, toujours le même, sans qu'on puisse l'en détourner. Il y a pourtant des bergers, de jeunes gars du pays qui savent manier gaîment l'aiguillon et en faire sentir la pointe à leur troupeau. Mais depuis que le bœuf a été mêlé aux merveilleuses histoires de notre berceau divin, nous ne sommes plus étonnés de lui voir jouer un bout de rôle dans la découverte de ces statues de la Sainte Vierge Marie et de l'enfant Jésus. *Cognovit bos possessorem suum*. Il est bien certain que, le jour de la pieuse découverte, on n'a point appelé un notaire royal ou ecclésiastique pour faire un procès de *constat*, et décrire minutieusement la trouvaille, l'attitude du bœuf et les sentiments du populaire. Ce sont là choses trop subites, trop imprévues, pour qu'on les puisse grossoyer sur papier aux armes de l'État. C'est toujours le lendemain que les savants et que les chroniqueurs arrivent. Aussi n'avons-nous du vieil événement aucune charte authentique et surtout aucune photographie instantanée.

Mais, en revanche, que de témoins ! et quels témoins de la vérité du fait ! Si Pascal a pu dire : *Je crois volontiers les histoires dont les témoins se font égorger*, nous croyons volontiers les dévotions dont les origines sont si vraisemblables et les conséquences si heureuses. Car le propre de ces douces légendes de la piété catholique, c'est, en répandant comme une rosée de bienfaits sous la forme de guérisons ou de grâces reçues, d'accentuer l'unité dans les esprits, et d'échauffer la charité dans les cœurs. Signe divin ! Pendant que le ciel nous donne, à

Lourdes, avec le concours de ces foules de pèlerins, le spectacle de l'unité catholique la plus parfaite, pendant que nous y refaisons une tour de Babel mystique, mais cette fois dans l'harmonie d'une même louange au Seigneur, *unum labium omnibus;* en nos endroits moins favorisés, à notre Beauchêne, par exemple, il se produit une œuvre toute semblable, quoique à un moindre degré d'intensité et d'universalité. Ces lieux de pèlerinage effacent à peu près entre nous toutes les distinctions de paroisses et de clochers, pour ne laisser subsister, sous le manteau de la Vierge Marie, que ce titre suave de frères et de sœurs, et d'enfants de la même famille. Aussi les Religieux qui desservent la sainte chapelle sont-ils, en ce for intérieur où nous venons les chercher, des pasteurs universels. Ils le sont à un autre titre, puisqu'ils savent se détacher de l'ombre où s'enferme leur vie, et de la psalmodie du chœur à laquelle ils consacrent leurs lèvres, pour venir à ce soleil du dehors où nous combattons, nous aider de leur voix et de leurs bons exemples. Le prêtre séculier, avec l'étendue de nos paroisses, est un peu comme le riche patriarche Booz à la tête de ses magnifiques champs de blé. Ruth, la pauvre Moabite, c'est-à-dire la Congrégation religieuse, celle qui a dit à l'Église : « Partout où vous irez, j'irai ; votre » peuple est mon peuple, et votre Dieu est » mon Dieu ; » la Congrégation religieuse s'assied un soir au bord de la moisson opulente, ne demandant qu'à glaner les âmes laissées en arrière des gerbes des travailleurs. Finalement Booz épouse la Moabite. Le clergé des paroisses se fait un honneur et un devoir de marier son action moralisatrice à l'action toute spiritualiste des religieux et des réguliers ; et, comme dans la céleste Généalogie, de cette coopération intelligente et dévouée, il ne peut sortir que des enfants de Dieu : *Genuit Obed ex Ruth.*

J'ai peut-être quelques raisons d'écrire pertinemment ces choses. Je sais en effet que l'auteur de ce livre, le R. P. Bonneau, a composé son volume au sortir de ses missions extérieures. Chaque dimanche, on peut le voir, sur la brèche paroissiale voisine, annonçant la bonne nouvelle, combattant le bon combat, offrant une collaboration toujours précieuse et toujours recherchée. Pendant la semaine, il revient à son monastère, à sa bibliothèque, à *ses chères études*, disait M. Thiers. Il les a déjà résumées dans une notice que j'appellerai *ethnographique*, qu'il a consacrée à l'histoire de sa Congrégation [1]. Aujourd'hui, il se plaît à retracer l'histoire de Notre-Dame de Beauchêne, en l'encadrant dans son passé et dans ses alentours. C'est avec une foi charmante qu'il parle de sa Légende et des faits heureux qui l'ont enguirlandée jusqu'à nos jours. Je ne crois pas qu'il ait voulu faire œuvre de haute littérature ou de profonde théologie. Il lui a suffi d'écrire simplement ce qu'il a vu et entendu. Peut-être la bonne Vierge de Beauchêne, souriant au travail de son chroniqueur, daignera-t-elle mettre mystérieusement en tête de son livre

1. Un vol. in-12, chez l'auteur, abbaye de Beauchêne, par Cerizay (Deux-Sèvres).

cet *imprimatur* si désirable : *Bene scripsisti de me, Thomas !* Votre livre est très bien.

Pour clore le volume et comme en faire un manuel de pèlerinage, on y a surajouté quelques cantiques de deux jeunes profès de la Compagnie. Ce sont des œuvres de jeunesse, et on le distingue aisément à leurs airs de bravoure et de fanfare. J'ai à peine osé, par ci par là, corriger quelques strophes et fourbir quelques rimes. Ma parenté spirituelle avec les deux chanteurs me le permettait cependant. Mais j'ai été obligé de respecter l'allure générale des idées et le bel élan des mots sonores. Ce sont les mots et les idées de la vingtième année. Age heureux, en religion du moins, et vers qui souvent ressemblent à cet âge. Au reste, il est assez difficile de déterminer l'idéal et la forme du vrai cantique. Le plus beau sans doute doit être celui que l'on fait soi-même. Autrement, on ne s'y essaierait pas, étant donné que tous les sujets ont déjà été traités. Ordinairement, on juge d'un cantique par son succès. A ce compte-là, je sais un cantique en 50 couplets sur Notre-Dame de Lourdes qui doit être un pur chef-d'œuvre. Il a fait la fortune littéraire de son auteur. Les vers s'en vont pourtant clopin-clopant sur leurs cinq pieds très difficiles et souvent mal enjolivés. Mais le Refrâin angélique de ses *Ave Maria* l'a emporté sur ses ailes par-dessus les montagnes, au delà des mers [1]. Tel, un vaisseau, sa plus ou moins riche cargaison.

Je n'espère pas pour la poésie de mes jeunes Chanoines une faveur aussi surprenante. Ils auront du moins celle de pouvoir signer à côté et un peu au-dessous de leur aîné : *Serviteurs et Chantres de Marie.* Et comme ils sont dejà Chanoines, je ne saurais leur désirer rien de plus !

F[r] DE SAINT-MESMIN.

1. Allusion au cantique : *Sur cette colline Marie apparut*, de M. G., prêtre de Saint-Sulpice, ch. hon. de Luçon.

PÈLERINAGE

DE NOTRE-DAME DE BEAUCHÊNE

CHAPITRE I

Beauchêne. — Son nom. — Sa situation

Le petit village de *Beauchêne,* dont nous entreprenons le premier de raconter la gloire dans le passé et le présent, doit son nom, croyons-nous, aux *chênes* qui croissaient jadis sur son sol et à leur taille vraiment gigantesque.

Elles ne sont point rares les agglomérations auxquelles le *roi des forêts* a légué son nom. A deux kilomètres d'ici, sur la route de Cerizay à Menomblet, se trouve un castel appelé le *Chêne-*

Fin. Nous en savons un autre, dans le département, nommé simplement le *Chêne*. Il nous serait facile d'en rapporter plusieurs autres.

L'humble village des bords de la Sèvre nantaise devait posséder, aux siècles écoulés, un géant au tronc fort et puissant, aux bras énormes, au feuillage abondant, une sorte de *chêne des partisans*, dont la réputation était fameuse au pays d'alentour. Il en est de la renommée des arbres, un peu comme de celle des personnages. On nous permettra de citer le *gros ormeau*, ou l'*ormeau du Bouchet*, entre Echiré et Niort.

Pendant que le chêne semblait affectionner notre village et ses environs, au sud, à l'est et à l'ouest, le nord était plus favorable à l'essence du cerisier. Cerizay, notre chef-lieu de canton, n'était-il point autrefois une *cerisaie* remarquable?

Tout ce pays paraît très ancien. Il était jadis fort peuplé. Dans nos promenades à travers la campagne, nous avons de nos yeux constaté l'existence de plusieurs autels druidiques. Quelques-uns n'ont encore jamais été signalés par les savants. De même nous avons découvert, avec infiniment de bonheur, l'existence de très nombreux polissoirs. Ces pierres, creusées d'un trou ovale, se rencontrent dans la plupart des fermes.

Les paysans les utilisent, en en remplissant d'eau la cavité, à se laver les mains avant les repas. D'où le nom vulgaire de *laverasses*.

Le voyageur qui suit la voie ferrée de Paris aux Sables-d'Olonne, ou la route nationale de Saumur à la Roche-sur-Yon, aperçoit, à deux kilomètres au sud de Cerizay, sur la gauche, à deux cents mètres dans les terres, un clocher carré, genre bénédictin, une maison assez importante, au fronton surmonté d'une croix, puis, semées dans la campagne, quelques habitations moins considérables : c'est le petit village de Beauchêne.

Assis sur le versant d'une colline boisée, dont le pied se baigne dans la Sèvre nantaise, coulant à quelques centaines de mètres, Beauchêne a devant soi un des plus beaux panoramas du Bocage vendéen. Ce sont, dans la vallée, Saint-Mesmin-la-Ville et son château historique ; un peu plus loin, derrière, Saint-Mesmin-le-Vieux, avec la masse imposante de sa vieille église, se détachant sur un large fond de verdure ; plus à droite, au milieu des noirs sapins de la Louisière, les toits du château de Mademoiselle de Beauregard et l'élégant clocher de Montravers.

De Saint-Mesmin à Montravers une colline arrondie, couverte d'arbres et de céréales, permet de voir, par derrière, les coteaux plus élevés de Pouzauges, dominés par le célèbre bois de la Folie. Saint-Michel-Mont-Mercure, le point extrême, la Flocellière, célébre par son pèlerinage de la *Santa-Casa*, œuvre du vénérable père Dalin, les Châtelliers, dominant le cours de la Sèvre, ferment l'horizon de ce côté. A gauche, l'œil se repose avec plaisir, au premier plan, sur les prairies, au fond desquelles il aperçoit l'église et le manoir de Saint-André-sur-Sèvre ; un peu plus loin, au milieu d'un vert rideau de peupliers, perce la noire flèche de la Forêt-sur-Sèvre. C'est dans cette dernière localité que mourut le fameux Duplessis-Mornay. Courlay, Moncoutant, Menomblet et Saint-Pierre-du-Chemin servent de cadre à ce tableau.

Beauchêne, autrefois inabordable, comme la plupart de nos localités du *Bocage*, est sillonné aujourd'hui de routes nouvelles. Un chemin de grande communication le traverse dans toute sa longueur, de l'ouest à l'est. C'est la ligne directe vers Bressuire. Au centre du hameau aboutit un charmant sentier couvert, reste de nos vieux chemins creux. Il se dirige vers Cerizay, au nord, et au sud, à la Sèvre. A cinquante mètres, passe la route de Saint-André et la Châtaigneraye.

Les habitations de Beauchêne sont à peu près toutes anciennes et telles q'uon les rencontre d'ordinaire dans nos campagnes. Elles n'ont, à peu d'exceptions près, qu'un rez-de-chaussée. Il est à remarquer cependant qu'elles remontent, pour la plupart, au XVe siècle. Deux paraissaient avoir appartenu à de riches propriétaires. L'une est située à côté de notre portail; elle a une belle charpente ancienne; l'autre a été démolie en 1890. On l'a remplacée par une construction d'un style absolument moderne.

CHAPITRE II

La Gloire de Beauchêne. — La Vierge miraculeuse. — La Source. — La Chapelle

Toute la renommée de Beauchêne lui vient de sa Vierge miraculeuse. Qui en effet attire en ce coin de terre béni la foule des pèlerins, si ce n'est elle? Beauchêne, sans sa Madone, est un hameau comme on en rencontre partout. Mais il a plu à notre Mère du Ciel de faire éclater chez nous les magnificences de sa bonté, et dès lors Beauchêne mêle sa voix aux mille sanctuaires de Marie, élevés dans notre pays, pour proclamer la France le *Royaume de Marie*. Voulez-vous savoir les noms des plus célèbres pèlerinages français en l'honneur de la Sainte Vierge? Ce sont, à Paris, *Notre-Dame-des-Victoires;* dans les Pyrénées, *Notre-Dame-de-Lourdes* et *de Bétharam;* à Marseille, *Notre-Dame-de-la-Garde*; à Lyon, *Notre-Dame-de-Fourvière;* à Grenoble, *Notre-Dame-de-la-Salette;* à Lille, *Notre-Dame-de-la-Treille;* en Bretagne, *Notre-Dame-de-Pontmain*.....

Qu'est-il besoin d'aller si loin dans nos recherches? N'avons-nous pas auprès de nous *Notre-Dame-du-Pin*, célèbre dès les premiers siècles par son pèlerinage, desservi, jusqu'au VIIIe siècle, par des chanoines réguliers de Saint-Augustin; *Notre-Dame-de-Maison-Pré, Notre-Dame-de-Lorette, Notre-Dame-de-Bressuire, Notre-Dame-de-Pitié, Notre-Dame-des-Ardilliers, Notre-Dame-des-Clefs?*

Tous ces lieux bénis ont été visités par la Mère de Dieu ou bien elle y a déployé sa puissance. On apprend soudain que des personnes ont reçu des grâces insignes, que des malades ont été soulagés, guéris. Aussitôt s'établit un courant; on vient prier. La prière monte plus fervente vers le cœur de Marie et la Vierge bienfaisante ne sait pas résister à la confiance persévérante de ses enfants. Ainsi se fondent les pèlerinages.

Le pieux concours des fidèles à Beauchêne remonte, croyons-nous, à la fin du XIe ou au commencement du XIIe siècle. Ce serait donc un des pèlerinages les plus anciens de notre pays. Selon la tradition unanime du lieu et des environs, la place actuellement occupée par la chapelle était un *pâtis*.

Ce pâtis dépendait de la ferme appelée la *Bernelière*, métairie située à une faible distance de Beauchêne. Elle se trouve à deux cents mètres environ plus haut que la petite chapelle des *Dissidents*, à droite de la route qui aboutit à la voie nationale de la Roche-sur-Yon. Le propriétaire de cette terre était alors la famille de Puyguyon dont nous aurons occasion de parler plus tard.

Au milieu de ce pâtis, où poussait quelque peu d'herbe, parmi les genêts et les ajoncs, s'élevait un chêne magnifique dont le tronc était creux à une certaine hauteur. Au pied de l'arbre coulait une source limpide. Les animaux venaient s'y désaltérer pendant les chaudes journées de l'été et de l'automne. Or, parmi les bœufs de son troupeau, le berger en voyait un se tenir constamment à l'écart. Ses compagnons paissaient l'herbe savoureuse, luttaient avec leurs cornes ennemies, grattaient la terre de leurs pieds irrités et la rejetaient au loin derrière eux. Tantôt ils s'élançaient, tous à la fois, d'une course désordonnée autour de la palissade. Ces jeux variés ne semblaient point être du goût de l'animal privilégié. Silencieux, triste, il levait vers le haut du chêne ses bons gros yeux et de sa langue léchait l'écorce rugueuse.

Cependant les autres animaux étaient maigres ; lui, malgré ses jeûnes continuels, était gras et replet. Pour le fermier il y avait là un mystère. Il résolut un beau jour d'en pénétrer le secret. Après avoir observé son bœuf pendant quelques heures, il va chercher une échelle dans une maison voisine, l'applique le long du tronc et grimpe vers l'endroit indiqué par le regard de l'intelligent animal. O merveille ! il découvre une humble statuette de la Vierge mère, tenant son petit Jésus dans ses bras ! Il la vénère un instant, lui adresse une courte prière, puis descend, tout heureux de sa trouvaille. A mi-chemin de l'échelle, il lui vient une pensée : « Il faut que j'emporte la statue chez nous. » Il la prend alors bien dévotement. Cependant le bœuf est là inquiet. Il voit la Mère de Celui que son ancêtre a reconnu dans l'étable de Bethléem ! Il fléchit les genoux dévotement, et accompagne son maître jusqu'à la claie du pâtis.

A la Bernelière on admire la belle petite Vierge. D'aucuns la veulent garder, d'autres (c'étaient les plus sages) sont d'avis de la reporter dans la niche naturelle qu'elle-même s'était choisie. « Reportons-la, elle sera la *divine Bergère* de notre troupeau. »

Voisins et voisines coururent voir la *Vierge du Chêne.* On la contemplait avec émotion, on la donnait à baiser aux petits enfants. On se demandait surtout d'où elle pouvait bien venir. On faisait mille suppositions plus ou moins vraisemblables. « *Quoi qu'il en soit, elle restera parmi nous.* » Et la procession s'organisa vers le chêne. Peu à peu le fait se propagea de bouche en bouche. On vint prier la Vierge, on lui chanta des cantiques. Des grâces furent obtenues, pour encourager la foi des pèlerins.

Quelques années plus tard, les étrangers passant à Beauchêne, s'arrêtaient devant le chêne couvert d'ex-voto, s'agenouillaient à terre et recommandaient leur voyage à la *Bonne Mère.* On venait de loin, attiré par le bruit des miracles. On priait à la lueur des cierges, on buvait l'eau de la fontaine. Plus d'un voulut en emporter chez soi ; sa piété fut récompensée par des guérisons extraordinaires. — Pourquoi ne la remettrait-on pas en honneur aujourd'hui ? N'a-t-elle plus sa vertu ancienne ? — Le chêne subissait, comme il arrive toujours en pareille circonstance, plus d'un douloureux larcin.

Le lecteur trouvera sans doute extraordinaire la découverte d'une statue dans un chêne. S'il connaissait l'histoire de nos pèlerinages, il verrait que beaucoup de Vierges miraculeuses n'ont pas une origine différente.

Nous pourrions lui conter ici l'invention de la *Madone de Maison-Pré,* à la Pommeraye-sur-Sèvre. Disons simplement que la paroisse de *Saint-Branchs,* au diocèse de Tours, possède également une Vierge et un pèlerinage dont le nom est identique au nôtre. *Notre-Dame de Beauchêne,* en Touraine, a été trouvée sur un gros chêne par un pâtre de la ferme de la *Richardière.*

Il devenait nécessaire, dans le but de satisfaire davantage la piété sainte de la foule, de lui montrer sous les yeux, à sa portée, la statue, objet de son culte. On songea donc à la construction d'une chapelle. Chacun voulut y contribuer selon ses moyens; mais la noble famille de Puyguyon fournit la plus grande partie de la somme.

Qu'était cette première chapelle ? Un arceau tout simple, dit-on, sous lequel on avait dressé une sorte de petit autel rustique. La Vierge bénie voulut bien agréer cette modeste construction, où elle continua les merveilles de sa pitié envers les malheureux.

CHAPITRE III

Une relique précieuse à Beauchêne. — La seconde chapelle. — Les « Prêtres de Beauchaigne »

Plusieurs siècles après l'invention de la Vierge à Beauchêne, une autre statuette était trouvée, dans des conditions pareilles, en un vallon solitaire de notre Bocage vendéen. C'est une statue insignifiante, en faïence, grossièrement peinte. Elle est connue dans la contrée sous le titre de *Notre-Dame de Maison-Pré.* Une chapelle y a été bâtie et les pèlerins y viennent implorer l'assistance de la douce Madone. Le sanctuaire est la propriété de Mademoiselle *Daufresne.*

Le concours des pèlerins était loin de se ralentir à la Vierge de Beauchêne. Il était même si considérable que Guillaume de Puyguyon transforma la chapelle en une église assez vaste. A cette époque, le noble seigneur fit venir à Beauchêne une colonie de religieux, comme gardiens du sanctuaire.

Pendant que s'accomplissaient dans une petite bourgade de la Vendée les miracles de la Vierge, les chevaliers allaient au delà des mers *conquester* le tombeau de Jésus-Christ sur les infidèles. Plus d'un parmi ces braves recueillit, en Terre-Sainte, des reliques précieuses du Sauveur et de sa divine Mère. Nous avons vénéré, dans la ville de Bruges, une parcelle du sang de l'Homme-Dieu, léguée à la cité par un croisé reconnaissant.

Les seigneurs de Puyguyon ne furent pas des

derniers à s'enrôler sous la bannière du Christ. Or, de ces pays lointains, sanctifiés par la présence de Jésus et de Marie, un chevalier de Puyguyon eut le bonheur d'apporter en son château un *chevet*, ou coussin, ayant appartenu à la Très Sainte Vierge. La famille le garda en sa possession un certain nombre d'années. Cependant la sainte relique, par des héritages successifs, échut au généreux *Jacques de Puyguyon*. C'était un trésor doublement cher. Le tenir enfermé au fond d'un château, il courait risque d'être enlevé ou de devenir la proie des flammes. Ne valait-il pas mieux en enrichir la chapelle de Beauchêne? Là il serait gardé respectueusement et fidèlement; il augmenterait encore la piété des pèlerins. Plein de ces pensées, Jacques de Puyguyon « *ordonna par son testament de mettre entre les mains des prêtres de Beauchaigne le chevet de Notre-Dame.* » Cette donation insigne eut lieu vers l'année 1350.

Notons ici que ce seigneur de Puyguyon était un parfait homme de bien, un dévot serviteur de la Vierge de Beauchêne. Il inspira le même respect et le même amour à ses trois enfants, Pierre, Jean et Jeanne. Pour récompenser ce fervent chrétien et montrer combien elle avait ce don pour agréable, la bonne Vierge obtint de son divin Fils, à Jean de Puyguyon, la vocation ecclésiastique.

Nous avons nommé tout à l'heure les *prêtres de Beauchêne*. Quels étaient ces prêtres dépositaires du *chevet de Notre-Dame?* Étaient-ce quelques-uns des religieux occupant alors le prieuré-cure de Cerizay ? Nous ne le pensons pas. Ceux-ci appartenaient à l'ordre de Saint-Benoît. Or, on les appelle dans le testament des *prêtres*, et les bénédictins sont des moines. Étaient-ce des membres du clergé séculier? Nous ne le croyons pas davantage. Nous sommes d'avis que les seigneurs de Puyguyon, ayant à leur porte une communauté nombreuse de clercs ou de chanoines réguliers, à Châtillon-sur-Sèvre, auront demandé au vénérable abbé de ce monastère quelques religieux, pour desservir leur chapelle de Beauchêne. Ajoutons que cette assertion nous a été communiquée par plusieurs personnes dignes de foi dont la parole était sans doute l'écho de la tradition.

Bien avant cette époque les *chanoines réguliers* étaient les grands chapelains de nos pèlerinages français et étrangers en l'honneur de la Bienheureuse Vierge Marie ; de plus, ils occupaient dans le diocèse de Poitiers plus de cent cinquante paroisses dont ils étaient les curés.

Le lecteur nous permettra bien de citer ici des noms propres.

Pèlerinages français desservis par l'Ordre des Chanoines Réguliers

1. Diocèse de Paris : Notre-Dame de Paris. — Notre-Dame-de-Bonne-Délivrance...

2. Diocèse de Versailles : Notre-Dame-des-Anges, à Clichy (1186). — Notre-Dame de Livry (1186)...

3. Diocèse de Cambrai : Notre-Dame de Marpent (Augustines, 1200)...

4. Diocèse d'Evreux : Notre-Dame d'Écouis (1130)...

5. Diocèse de Séez : Notre-Dame de Séez (cathédrale, 1127). — Notre-Dame-de-Recouvrance (1208)...

6. Diocèse de Bayeux : Notre-Dame-de-la-Délivrance (IIe siècle). — Notre-Dame-de-Grâce (1478).

7. Diocèse de Coutances : Notre-Dame-du-Vœu (1145)...

8. Diocèse de Nantes : Notre-Dame de Fréligné (1148)...

9. Diocèse de Laval : Notre-Dame d'Avesnières (Augustines, vers 1060). — Notre-Dame de la Roé (1036)...

10. Diocèse d'Angers : Notre-Dame du Ronceray (Augustines, 530?)...

11. Diocèse de Blois : Notre-Dame de Villethiou (avant 1400).

12. Diocèse de Chartres : Notre-Dame de Chartres (cathédrale)...

13. Diocèse d'Orléans : Notre-Dame de Cléry (1301)...

14. Diocèse de Bourges : Notre-Dame de Vaudouan (1013)...

15. Diocèse de Tulle : Notre-Dame-de-Pitié, à Belpeuch (1097)...

16. Diocèse de Poitiers : Notre-Dame de Ranton (avant 1300). — Notre-Dame-de-l'Arceau, à Maisontiers...

17. Diocèse de Luçon : Notre-Dame de Garreau, desservie par les prieurs de la Chapelle-Hermier, dépendante de l'abbaye d'Angles. — Notre-Dame de la Brossardière, à la Tardière...

18. Diocèse de Périgueux : Notre-Dame de Chancelade, abbaye, chef de congrégation du même nom, ordre des chanoines réguliers, fondée en 1128...

19. Diocèse de Rodez : Notre-Dame-des-Pauvres, à Aubrac (1022)...

20. Diocèse d'Auch : Notre-Dame d'Auch (cathédrale), jusqu'au XVe siècle...

21. Diocèse de Pamiers : Notre-Dame de Villeneuve à Loubières, desservie par les chanoines réguliers de la congrégation du Saint-Sépulcre...

22. Diocèse de Bayonne : Notre-Dame de Sarrance, à Bédous (1150)...

23. Diocèse d'Aix : Notre-Dame-du-Remède, à Frigolet, desservie par les chanoines réguliers de la congrégation de Prémontré...

24. Diocèse de Digne : Notre-Dame-des-Anges, à Lurs (avant 1150)...

25. Diocèse de Chambéry : Notre-Dame d'Aix ou des Eaux, à Aix-les-Bains (avant les croisades)...

26. Diocèse d'Annecy : *Notre-Dame-de-l'Aumône*, à Rumilly (1240), desservie par les chanoines réguliers du Grand-Saint-Bernard. — *Notre-Dame de Chavannex*, paroisse de Sciez, desservie par les chanoines réguliers de l'abbaye de Filly. — *Notre-Dame de Filly*, à l'abbaye. —

Notre-Dame de Peillonex, prieuré de chanoines réguliers, illustré au XIVe siècle par le bienheureux Louis Allemand, prieur, puis archevêque d'Arles et enfin cardinal. — *Notre-Dame de Sixte*, abbaye fondée par le bienheureux Ponce de Faucigny, mort en 1178. — *Notre-Dame-de-Tous-les-Saints*, à Entremont, donnée aux chanoines réguliers de l'abbaye de Notre-Dame-d'Abondance. — *Notre-Dame-d'Abondance*, près Evian (XIe siècle).

27. Diocèse de Valence : Notre-Dame de Bonne-Combe, à Hauterive, desservie par les chanoines réguliers de la congrégation de Saint-Ruf (XIIe siècle). — Notre-Dame-de-Consolation, à Arpavon, desservie par les chanoines réguliers de Saint-Jean de Jérusalem.

28. Diocèse d'Avignon : Notre-Dame-des-Doms, à Avignon (326). — Notre-Dame-des-Anges, à l'Isle (1212)...

29. Diocèse du Puy : Notre-Dame du Puy (cathédrale) desservie jusqu'au XVe siècle.

30. Diocèse de Viviers. — Notre-Dame de Chalons, à Bourg-Saint-Andéol, desservie par les chanoines réguliers de Saint-Ruf.

31. Diocèse de Mende : Notre-Dame de la Carie, à Marvejols (1152). — Notre-Dame de Quézac (1365). — Notre-Dame de Bédouès (1362).

32. Diocèse de Saint-Flour : Notre-Dame-de-Pitié, à Chaudesaigues (1314).

33. Diocèse de Lyon : Notre-Dame de Fourvières (avant 1168).

34. Diocèse d'Autun : Notre-Dame de la Chaux, à Cuisery, confiée aux chanoines réguliers du lieu, en 1660.

35. Diocèse de Saint-Claude : Notre-Dame de Monteuil, à Lons-le-Saunier (IVe siècle), desservie à cette époque par une « communauté de clercs ». — Notre-Dame de Garde-Bois, à Chapois, desservie dès le XIIIe siècle par les chanoines réguliers de la congrégation de Saint-Antoine.

36. Diocèse de Strasbourg : Notre-Dame de Strasbourg (cathédrale), jusqu'au XVe siècle.

37. Diocèse de Saint-Dié : Notre-Dame de Saint-Dié, fondée au VIIe siècle.

38. Diocèse de Metz : Notre-Dame-la-Ronde, à Metz, fondée par saint Clément et desservie par les chanoines réguliers de Metz juqu'au XVe siècle. — *Notre-Dame-de-Pitié*, à Rustroff, confiée aux chanoines réguliers en 1451.

39. Diocèse de Verdun : Notre-Dame de Benoite-Vaux, confiée aux chanoines réguliers de Prémontré, vers 1140.

40. Diocèse de Reims : Notre-Dame de Reims

(cathédrale), où vécut notre confrère l'illustre saint Remi, son disciple saint Vaast et tant d'autres chanoines réguliers.

41. Diocèse de Chalons : Notre-Dame du Prieuré, à Larzicourt.

On n'aura pas lieu d'être surpris de cette quantité de pèlerinages confiés à des chanoines réguliers, quand on saura que nos vénérables pères ont mis au cœur de leurs enfants l'amour de Marie, qu'ils ont toujours regardée comme la patronne de l'*ordre apostolique*. Inspirés par cet amour de la Vierge, deux chanoines réguliers ont été les premiers à fonder la *Congrégation des Enfants de Marie*, le bienheureux *Pierre de Honestis*, en Italie, et le bienheureux *Pierre Fourier*, en France. Ce dernier a même établi une très florissante famille de chanoinesses à qui il a donné le nom de *Religieuses de la Congrégation de Notre-Dame*.

Noms des paroisses du diocèse de Poitiers, sous le vocable de la Sainte Vierge, desservies par des chanoines réguliers : 1° Notre-Dame de Chalais. — 2° Notre-Dame du Chillou. — 3° Notre-Dame de Maisontiers. — 4° Notre-Dame de Massogne. — 5° Notre-Dame de Tessonnière. — 6° Notre-Dame de Breuil-Chaussée. — 7° Notre-Dame de

Ceaux. — 8° Notre-Dame de Moulins. — 9° Notre-Dame des Trois-Moutiers. — 10° *Notre-Dame de Fontaine-le-Comte* (abbaye). — 11° Notre-Dame de Mignaloux. — 12° *Notre-Dame de la Réau* (abbaye). — 13° Notre-Dame de Pers. — 14° Notre-Dame de Chambroutet. — 15° Notre-Dame de Plaisance. — 16° Notre-Dame de François. — 17° Notre-Dame du Pin.

Paroisses du diocèse de Luçon : 1° *Notre-Dame d'Angles* (abbaye). — 2° Notre-Dame de la Boissière. — 3° Notre-Dame de Genetouze. — 4° *Notre-Dame des Fontenelles* (abbaye). — 5° Notre-Dame de Boulogne. — 6° Notre-Dame de Bretignoles. — 7° Notre-Dame de Château-Fromage. — 8° Notre-Dame de Fougeré. — 9° Notre-Dame de la Grolle. — 10° Notre-Dame de Montreuil. — 11° Notre-Dame de Rocheservière. — 12° Notre-Dame de Vix. — 13° Notre-Dame de la Tardière. — 14° Notre-Dame de la Couture. — 15° Notre-Dame de la Flocellière. — 16° Notre-Dame de Montournais.

CHAPITRE IV

Beauchêne pendant les guerres de Religion. — La seconde statue

Dans les premières années du XVIe siècle, parut, en Allemagne, un moine malheureux dont les doctrines impies ont bouleversé l'Europe. Son nom était Martin Luther. Doué d'une belle intelligence, d'une grande énergie, il aurait pu rendre à l'Église d'immenses services par ses éloquentes prédications. L'orgueil le perdit, comme il avait perdu Lucifer. Il commença par critiquer la sainte Église, puis il se sépara d'elle et la couvrit des outrages les plus abominables. Sa parole trouva de l'écho chez les princes et les grands, parmi le peuple et jusque dans les couvents. En quelques années, l'Allemagne fut protestante.

Calvin fit en Suisse ce que Luther avait fait en Allemagne. De là leurs doctrines passèrent en

France, où elles se répandirent comme une tache d'huile. Quand on prêche la révolte, quand on flatte les passions, on ne saurait manquer de réussir.

Les mœurs grossières d'un monarque anglais, auquel le pape était obligé de résister, amenèrent la défection de la Grande-Bretagne. Ce pays, appelé dans l'histoire *l'Ile des saints,* à cause de son attachement à la foi chrétienne, passa à peu près complètement sous le joug honteux de la nouvelle hérésie.

En Allemagne, en Suisse, en Angleterre et en France le protestantisme fit des ravages épouvantables. Les fidèles et les prêtres catholiques furent persécutés, frappés, massacrés par des énergumènes insensés ; et tout cela au nom de la religion et de la liberté de conscience. Les églises ne furent pas plus épargnées que les personnes. Presque partout les temples de Dieu devinrent la proie des flammes, ou furent jetés à terre ; les vases sacrés volés, livrés à des usages indignes, les reliques réduites en cendres, les statues des saints mises en morceaux, les cloches fondues pour en faire des canons ou de la monnaie.

Notre contrée ne fut pas plus épargnée que les autres. La plupart des églises des Deux-Sèvres et de la Vendée devinrent des monceaux de ruines. Beauchêne, centre d'un pèlerinage fameux, foyer de prétendue superstition, attire aussi lui les regards haineux des farouches *réformateurs*. Sa chapelle fut livrée aux flammes, sa cloche fondue, sa statue miraculeuse brisée en mille morceaux et le *chevet* de Notre-Dame disparut dans l'incendie. Les religieux maltraités quittèrent sans doute leur habitation pour aller pleurer sur les ruines fumantes de leur chère abbaye.

L'histoire nous apprend en effet que l'abbaye de Châtillon-sur-Sèvre fut brûlée par le roi de Navarre, le 12 juin 1587. En cette occasion, le général de la Trémouille enleva au monastère tous les vases sacrés estimés, d'après les actes, à 30,000 livres tournois. L'abbé commendataire était alors Jean II de Gaucourt, fils de Louis de Gaucourt et de Françoise d'Escoubleau.

Comme après l'orage le laboureur verse des larmes sur ses champs dévastés, le jardinier sur ses arbres arrachés ou cassés par la tempête, et pourtant reprend avec courage son travail, laboure, sème et plante à nouveau ; ainsi les populations attristées de Beauchêne se couvrirent de deuil un moment et puis songèrent à réparer les ruines amoncelées.

La chapelle pouvait se restaurer, le métal ne

manquait point pour donner une voix au clocher muet ; mais la statue n'était plus là. Quelqu'un avait conservé précieusement sous son toit un morceau du *chêne antique.* Il le livra de grand cœur à un artiste habile qui en fit, au dire de la tradition, la statuette charmante que nous possédons aujourd'hui.

Les pèlerinages, un instant interrompus, reprirent vite leur entrain. La Vierge montra par de nouveaux miracles qu'elle voulait toujours être honorée en ce lieu. Bientôt il ne resta plus trace de la tourmente. Le peuple, dans son enthousiasme, voulut donner à sa nouvelle statue le titre glorieux de *Secours des Chrétiens.* On était au lendemain de la victoire de Lépante.

CHAPITRE V

Beauchêne pendant les guerres de la Vendée. — Transport de la Vierge à Cerizay

De la fin du XVIe siècle au milieu du XVIIIe, le sanctuaire de Beauchêne fut desservi par un curé ou un chapelain. Les uns en font une annexe de Cerizay, d'autres, une paroisse distincte. Nous penchons pour cette dernière supposition. Nous n'avons trouvé, il est vrai, nulle part de preuve convaincante ; mais il est certain, d'après la tradition la mieux établie, que Beauchêne avait une cure et de plus un cimetière. Celui-ci était situé dans le champ qui fait l'angle du chemin de Beauchêne et de la Bernelière, en face de la chapelle des Dissidents.

Dans son *Histoire des Pèlerinages français de la Sainte Vierge* le P. Drochon dit que la chapelle de Beauchêne fut bâtie sur l'emplacement d'une église paroissiale détruite par les Albigeois. Beauchêne, ajoute le même auteur, devait être alors un bourg important, si l'on en juge par les proportions données à l'édifice qui remplaçait l'église renversée. Nous ne croyons pas, nous, que Beauchêne ait jamais été un bourg important. Nous n'avons pas non plus de preuve que son église ait eu de vastes proportions. Enfin la tradition locale est contraire à celle du révérend Père, relativement à l'invention de la Vierge.

Ceci dit en toute charité, reprenons la suite de notre narration. Un acte signé au château de Vezins, le 10 avril 1758, établissait dans la chapelle de Beauchêne quatre messes basses par semaine, à l'intention des dames « Anne de Granges de Surgères de Puyguyon, veuve de haut et puissant Pierre de la Court de Fonteniou, de haute et puissante Henriette-Élisabeth de Granges de Surgères, dame de Puyguyon, veuve de haut et puissant Alphonse, marquis de Lescure, et de haute et puissante dame Catherine-Henriette de Lambert, veuve de haut et puissant Étienne, marquis de la Taste ».

De plus, ladite dame de Lescure, d'après le même acte, « a fait refaire et reconstruire à ses frais la maison attenant à la dite chapelle pour le logement du dit prêtre qui y célébrera les dites messes, laquelle n'aura d'autre destination et ne servira que pour lui seulement. »

Cet état de choses dura jusqu'à la Révolution. Le bon chapelain célébrait ses messes de fondation, fort bien rétribuées, et faisait bénir autour de lui, par les habitants et les pèlerins, la Vierge miraculeuse.

Des jours de sang allaient se lever sur la France. Le 21 janvier 1793 Louis XVI montait sur l'échafaud. La Révolution dès lors se répandait, comme un torrent dévastateur, sur le territoire de notre beau pays. Les nobles et les prêtres prenaient le chemin de l'exil ou tombaient sous l'infâme couperet de la guillotine. Les châteaux et les églises étaient pillés, démolis, livrés aux flammes. Seule une noble contrée osa protester contre ces horreurs. Ce fut la Vendée. Fidèle à son Dieu et à son roi, elle soutint, avec le courage le plus admirable, la double cause de la religion et du droit séculaire des fils de saint Louis. Elle se leva comme un seul homme, marcha le front haut contre les hordes barbares de la Révolution, vainquit les meilleures troupes de la République, un moment effrayée des succès menaçants des Géants de l'Ouest. N'ayant à opposer à des soldats aguerris et bien armés que des paysans munis de mauvais fusils, de faux, de bâtons et de fourches, la Vendée sut faire trembler les généraux les plus habiles. Mais que de ruines elle amoncela sur son sol ! Les républicains ou Bleus, comme on les appelait, ne respectaient ni les vieillards, ni les femmes, ni les enfants, encore moins les propriétés. Aucun moyen ne fut négligé pour faire de la Vendée un immense désert. On essaya même d'empoisonner en masse tous les habitants.

Nous n'avons point l'intention de raconter ici cette page glorieuse des annales vendéennes, nous voulons seulement dire ce que devint Beauchêne au milieu de cette épouvantable guerre. Une arme trouvée dans un champ attenant à la chapelle nous est une preuve que ce petit coin de terre n'a pas traversé, sans être éprouvé, ces malheureuses années. De plus la tradition unanime rapporte que Marigny, venu prier à Beauchêne, avec six cents hommes, rencontra près de *Bel-Air* un détachement de Bleus, qu'il en tua une vingtaine et les enterra auprès de la forge actuelle du maréchal. Elle dit encore qu'un notable de Cerizay, M. Guéry, grand'père de M. Delisle, maire actuel de la commune et conseiller général, vit sa famille jetée dans le *doué* de la ferme de *Vieille-Cour*.

« Au mois d'octobre 1793, le vieux général
» Chalbos quitte Fontenay-le-Comte avec sa di-
» vision, et, ramassant sur sa route les bataillons
» épars, marche vers notre contrée. Il brûle en
» passant le château de Puyguyon, propriété de
» M. de Lescure [1]. »

A l'approche des Bleus, Cerizay est dans la consternation; on cache ses objets précieux, on

1. *Histoire de la Vendée militaire*, par J. Crétineau-Joly; tome I, page 269.

s'enfuit dans les bois. Chalbos pourtant épargna Cerizay, parce que, dit-on, une femme du peuple, une *tailleuse*, se présenta au-devant de lui et lui offrit un magnifique bouquet. Ses soldats cependant parcouraient la campagne et mettaient le feu à la chapelle de Beauchêne. Par bonheur, les habitants avaient eu le temps de placer en lieux sûrs la Vierge et les trésors du sanctuaire. La statue fut sans doute cachée dans une maison privée. Les vases sacrés, l'argenterie et les ornements furent, paraît-il, enfouis dans un pré voisin. La tradition locale rapporte que, plusieurs années après cette triste époque, vint dans le village un homme du nom de Beauchêne. Il était accompagné d'une jeune fille. Il avait lu, disait-il, dans un manuscrit qu'un trésor était caché « *à une volée de chapon du grand vitrail de la chapelle.* » En faisant tourner la baguette, il découvrit le trésor au pied d'un noisetier, dans la haie qui sépare le *doué* de Bruneau du pré voisin.

Une tradition générale dans tout le pays, jusque vers Bressuire, raconte qu'alors on porta à l'église de Cerizay la Vierge de Beauchêne. Mais la douce Madone avait fixé son cœur au milieu de nous, et le lendemain on trouva la statue sur l'autel de la chapelle. La chose se renouvela plus d'une fois, et toujours la bonne Vierge revenait d'elle-même parmi ses chers enfants. Un jour pourtant elle s'arrêta en chemin, dans un arbre, sur le sentier qui conduit à Cerizay. Ce fut une simple station, un arrêt de quelques instants. Ce fait, quelque étrange qu'il paraisse, est assez fréquent dans l'histoire des pèlerinages. L'arbre en question nous l'avons vu. C'était un énorme châtaignier. Le temps, qui n'épargne même pas les arbres, l'a couché à terre et le propriétaire l'a livré au feu. L'heureux frère du chêne historique était planté à quelques mètres au delà du carrefour des chemins de la Bernelière et de celui qui descend à la voie ferrée, à gauche, en allant vers Cerizay. Le champ où il se trouvait porte encore aujourd'hui le nom de *Champ de l'Image.*

Il s'est établi pendant quelques années de pieux pèlerinages au pied de l'arbre de la Madone. Nous avons connu des personnes qui sont allées s'y agenouiller.

3.

CHAPITRE VI

Beauchêne de 1734 à 1872. — La Restauration

La *guerre des Géants* était terminée, la Vendée se relevait lentement de ses malheurs. Comme elle avait souffert ! Ses enfants avaient péri sous le glaive des hordes républicaines. Son clergé, le modèle du clergé de France, se réduisait à quelques vaillants confesseurs de la foi. Ses églises étaient pour la plupart à l'état de ruines informes. Leurs biens avaient été vendus à vil prix à des acquéreurs assez peu scrupuleux pour oser s'approprier le patrimoine des pauvres et des fondations pieuses. Nous en connaissons plusieurs dont l'immense fortune n'a pas d'autre origine.

Le Pape, nous le savons, a consenti à ce que les acquéreurs ne fussent pas inquiétés ; mais ne semblerait-il pas convenable, à tout le moins, que ceux-ci rendissent à l'Église, par leurs aumônes, une part des biens dont ils sont pourtant les usurpateurs. Le Concordat stipule, il est vrai, que l'État accordera au clergé catholique une allocation à laquelle il a droit; mais pourquoi les ministres protestants et les rabbins juifs viennent-ils puiser à la même source et dans une proportion relativement beaucoup plus considérable ?

Revenons maintenant à notre chère église de Beauchêne. Elle appartenait à Élisabeth des Granges de Surgères, fille du marquis de la Flocellière et de Puguyon, veuve du marquis Alphonse de Lescure. Du mariage de Mlle Élisabeth de Puguyon avec M. Alphonse de Lescure naquit François-Alphonse de Lescure, tué à la bataille de Plaisance, le 16 juin 1746. Il était mort depuis cinq mois environ, quand sa veuve, Agathe-Geneviève Sauvestre de Clisson, donna le jour à Louis-Marie-Joseph de Lescure, le célèbre général vendéen. Celui-ci épousa, le 27 octobre 1791, Marie-Louise-Victoire de Donissan. Mort le 4 novembre 1793, entre Ernée et Fougères, sa veuve s'unit, le 1er mars 1802, au marquis Louis du Vergier de la Rochejaquelein. Victoire de Donissan avait hérité, par testament de son premier mari, de la chapelle de Beauchêne. Elle en transmit la propriété à Louis de la Rochejaquelein.

Voilà comment cette dernière famille est entrée en possession de Beauchêne.

Notons toutefois que ladite chapelle fut vendue, comme bien national, en 1796, et rachetée par un tiers, au compte de Mme de Lescure. L'historienne des guerres de la Vendée la légua à son petit-fils, M. le marquis Julien de la Rochejaquelein, qui en fit don, vers 1860, à Mgr Pie, évêque de Poitiers.

A l'issue des mauvais jours, les Vendéens y venaient prier la douce Madone. Ils lui demandaient pitié pour ceux qui avaient donné leur vie à la cause de Dieu et du trône ; ils la suppliaient de faire renaître la prospérité dans leurs campagnes désolées, de maintenir dans le cœur de leurs enfants la foi de leurs pères martyrs. Puisse le souvenir de cette gloire ne se point effacer de la mémoire de nos Vendéens d'aujourd'hui ! Plus d'un semble l'oublier. Vendéens, gardez votre foi ! Peu à peu, le nombre des pèlerins diminua au sanctuaire. On y voyait bien de temps en temps des paroisses entières agenouillées aux pieds de la petite Vierge, sur le pavé du temple ; mais ce n'était là qu'une faible image des concours anciens. D'ailleurs le chapelain, successeur des religieux, n'était plus là ; sa vieille demeure disparut elle-même vers l'année 1865. Le clergé de Cerizay venait, une ou deux fois la semaine, dire la messe dans la chapelle déserte. C'était trop peu pour encourager l'ardeur des pèlerins.

Les choses allaient changer. Sa Grandeur Mgr Pie jeta les yeux sur ce point extrême de son immense diocèse. Il y avait là une œuvre à faire, une Madone célèbre à implorer, une tradition à reprendre ; son cœur d'évêque s'y donna tout entier.

Un jeune prêtre, ancien vicaire de Cerizay, alors curé de Saint-André-sur-Sèvre, maintenant retraité à Saint-Clémentin, où son zèle a construit une ravissante église, M. l'abbé Honoré Ménard, voulut bien diriger les travaux de restauration du vénérable sanctuaire. Dieu seul connaît les soucis que cette œuvre lui coûta ; mais l'amour ne calcule point les peines ; il va de l'avant, car il travaille pour le ciel. M. l'abbé Ménard travaillait encore pour sa Mère. Les autels, les vitraux, l'embellissement, tout est le fruit de son activité, de son dévouement sans bornes à la Vierge de Beauchêne.

CHAPITRE VII

Les Chanoines réguliers de la Congrégation de Saint-Jean-de Latran desservants du sanctuaire de Beauchêne. — Erection de la chapelle en église abbatiale. — Dons de Sa Sainteté Pie IX.

Monseigneur Pie avait appelé déjà autour de lui, pour l'aider dans l'exercice du ministère sacré, par leurs prédications ou leur prière, les enfants de saint Benoît et de saint Dominique ; les Oblats de Saint-Hilaire avaient été fondés par lui dans le but de donner des missions aux paroisses de la campagne et pour servir d'auxiliaires aux curés âgés ou infirmes ; à Poitiers les disciples de saint Ignace formaient, sous les yeux de Sa Grandeur, dans leur immense collège, les classes aisées à la vie chrétienne ; mais jusque-là Monseigneur paraissait avoir songé exclusivement au département de la Vienne. Il n'oubliait cependant pas les Deux-Sèvres. Il créa en effet plus tard une maison d'Oblats dans la ville de Niort ; puis en 1872 il réalisa un projet qui lui tenait fort à cœur depuis plusieurs années, l'installation des Chanoines réguliers de Saint-Augustin à Notre-Dame de Beauchêne.

Le jour béni de la Saint-Michel est resté comme un doux souvenir parmi notre population. Le premier pasteur du diocèse, entouré d'un nombreux clergé, d'une foule de peuple, confiait à la garde de notre Ordre la chapelle de Beauchêne. En même temps il daignait nous présenter à la noblesse et à la foule par un discours d'un charmant à-propos. Le lecteur en jugera par ce résumé :

« Ceux-ci qui sont vêtus de blanc, qui sont-ils et d'où viennent-ils [1] ? A ceux qui nous adresseraient cette question, les monuments de l'histoire, les traditions de notre pays, plusieurs grandes basiliques encore debout sur notre sol, ont déjà fait la réponse. Ceux-ci ne sont point des étrangers et des inconnus pour notre terre. Ils formaient cet Ordre canonial qui, comme un arbre majestueux, parallèlement à l'ordre monastique,

1. *Apocalypse*, VII, 13.

couvrit le monde entier de ses rameaux chargés de fleurs et de fruits. Pendant une longue suite de siècles, ils ont acquitté au milieu de nous le double tribut public du service de Dieu et du service des âmes.

« Non, certes, ce ne sont pas des étrangers. Leurs ancêtres ont peuplé nos églises, nos prieurés, nos abbayes. Pour ne parler que des plus célèbres du voisinage, la Trinité de Mauléon, Saint-Pierre d'Airvault, Saint-Laon de Thouars, reconnaissent et saluent leurs anciens hôtes. Les anges de ces sanctuaires ont tressailli en voyant reparaître le long des sentiers de notre Bocage ces blanches robes, rivales de la blancheur des vêtements angéliques.

« Ceux-ci, qui sont-ils et d'où viennent-ils ? Ce qu'ils sont et d'où ils viennent, je vais vous le dire. Leur point de départ, ce n'est rien moins que la société et la vie commune de Jésus et des apôtres, type sur lequel s'était établie la primitive et toujours regrettable communauté de l'évêque et de ses prêtres. A ce titre ils viennent en particulier d'Hippone et de la maison d'Augustin, qui leur a tracé la Règle à laquelle ils se glorifient d'obéir encore. Et si vous me demandez une date moins éloignée pour les lieux comme pour les temps, je vous dirai qu'ils viennent de cette abbaye célèbre du Beauvoisis, où ils eurent pour restaurateur et pour instituteur dans notre Gaule, à la fin du XIe siècle, le grand Yves, depuis évêque de Chartres. A partir de cette époque, la France et la chrétienté entière furent parsemées des maisons abbatiales ou priorales de cet Ordre. Ce fut alors que la ville de Poitiers, privée désormais du spectacle de la touchante commensalité de l'évêque et de ses chanoines définitivement sécularisés, se vit dédommagée par l'établissement des Chanoines réguliers dans la maison natale de son grand pontife, dans cette vénérable abbaye de Saint-Hilaire-de-la-Celle qui donnait bientôt à notre Église le très vaillant évêque saint Guillaume Tempier, l'un des plus intrépides champions de la liberté ecclésiastique au moyen âge.

« C'est à l'abri de ces noms et sous la protection de ces souvenirs que reviennent parmi nous, après une trop longue disparition, les Chanoines réguliers de Saint-Augustin. Dans cette modeste église restaurée par vos soins, dans cette humble demeure que nous leur avons élevée avec amour, ils sont appelés à représenter, en ce qui les concerne, les congrégations autrefois si florissantes, mais aujourd'hui éteintes, des Chanoines réguliers de Sainte-Geneviève et de Saint-Victor, comme aussi la famille canoniale du bienheureux Pierre Fourier.

« Mais que viennent-ils faire et quelle sera leur occupation en ce lieu ? Avant tout, ils viennent prier, et leur occupation sera la célébration de l'office divin. Héritiers des traditions du collège apostolique, ils savent, et nous savons avec eux, que la première des fonctions du sacerdoce, c'est la prière, et que la prédication elle-même est placée au second rang. »

L'illustre évêque rappelle ensuite une fondation de Chanoines réguliers faite par son saint compatriote, Yves de Chartres, et il continue :

« Ne diriez-vous pas que toutes ces paroles ont été proférées à Poitiers sur le déclin du XIXe siècle? C'est la vérité que, par une inspiration à laquelle Dieu n'était assurément pas étranger, j'avais souvent et beaucoup pensé où et comment je trouverais un sanctuaire dans lequel nous verrions revivre l'institut canonial avec toute sa pureté et sa ferveur. Et c'est la vérité aussi que la grande et inexplicable bonté du très saint Sauveur Jésus-Christ, se manifestant par tout un ensemble de rencontres providentielles et de voies surnaturelles, n'a pas voulu retarder désormais l'exécution de notre dessein. Autour de l'église que nous avait léguée une femme à jamais illustre, d'autres générosités nous ont aidé à bâtir une demeure convenable pour les serviteurs de Dieu...

« Votre venue, mes révérends Pères, a été saluée par les habitants de cette contrée comme une bénédiction du ciel. Les saintes femmes qui, sur divers points de la France, obéissent à la même Règle que vous et font partie de cette grande famille canoniale de saint Augustin se sont réjouies d'avoir enfin retrouvé des frères et des pères.

« Votre premier besoin désormais c'est de voir votre colonie française se grossir par des vocations indigènes : elles ne se feront pas beaucoup attendre. La régularité, la ferveur, le goût des études sacrées et les autres qualités qui vous distinguent seront un attrait puissant. Évêques, prêtres, pères et mères de famille, chefs de maison, voudront vous avoir pour représentants et pour suppléants au pied des tabernacles. Ils vous aideront de leur substance, et en vous aidant ils n'entendent accepter de votre gratitude que le don et le bienfait de vos prières. »

Peu après la cérémonie, le révérend Père Santini remit à l'évêque de Poitiers une lettre de félicitations de la part de Sa Sainteté Pie IX. Le Saint-Père, était-il dit dans cette lettre, n'attendait pas moins du zèle de Monseigneur Pie. Il est particulièrement heureux de savoir le jeune Mortara dans la nouvelle fondation de Beauchêne.

Quelques années plus tard, le même Pie IX accordait gracieusement à notre petite chapelle le titre honorifique d'église abbatiale, titre qui la rattachait directement au Saint-Siège en la soustrayant à la juridiction de l'évêque diocésain.

Grande aura été votre joie, noble famille de Puyguyon, vous qui du haut du ciel voyiez le Souverain Pontife tourner les regards vers votre béni sanctuaire et le gratifier d'une semblable faveur !

A l'occasion de ses noces d'or le Saint-Père se souvient encore de Beauchêne. Il avait reçu en cette circonstance des offrandes considérables du monde entier, qui furent distribuées aux églises et aux missions. Il nous fit parvenir un calice et un ciboire de toute beauté, une mitre et une chasuble pour notre futur abbé. Il nous manquait une crosse ; un saint prélat, Mgr de Ségur, voulut bien nous en faire cadeau.

Léon XIII, glorieusement régnant, a aussi lui

songé à Beauchêne. Il a concédé au sanctuaire la plus importante des indulgences, celle de la Portioncule. Elle se gagne, en visitant la chapelle, depuis midi du premier jusqu'au coucher du soleil du deux août, et en y priant aux intentions du Souverain Pontife.

CHAPITRE VIII

L'Abbaye de Notre-Dame de Beauchêne

A gauche de la chapelle s'élève une vaste construction d'un aspect gracieux plutôt que sévère. Ses grandes fenêtres, où la brique rouge se mêle à la teinte sombre du granit, ses arceaux gothiques, ses pignons élégants, ses hautes cheminées, tout l'ensemble enfin satisfait l'œil du visiteur. C'est l'abbaye de Notre-Dame de Beauchêne.

Qu'est-ce donc qu'une abbaye ? C'est la demeure

d'un abbé, c'est-à-dire d'un grand supérieur de religieux. Une abbaye, c'est une ruche où chaque habitant, séparé du monde par un mur de clôture, vaque librement à la prière, à la méditation, au travail et à l'étude. Une abbaye, c'est une oasis au milieu des déserts brûlants de ce monde; c'est un paradis sur terre. Une abbaye, c'est un paratonnerre pour la société. En dehors, dans le tourbillon, se consomment les meurtres, les vols, les trahisons, les infractions de mille sortes à la loi de Dieu. Le Seigneur s'irrite, il prend la foudre, il va frapper les coupables ; soudain son bras retombe... Qu'a donc vu l'œil irrité du Juge souverain ? Là, dans le cloître, il aperçoit des victimes offrant leurs veilles, leurs jeûnes, leurs mortifications, leur vie même pour le salut de leurs frères ; et cette charité le désarme. L'Écriture dit que Dieu fait tout pour ses élus et à cause d'eux. Pour eux il fait lever son soleil, rend la terre féconde. Ces élus sont *avant tout les religieux.*

Que ne doit donc pas encore le monde, à ce point de vue, à la sainte légion des religieux que pourtant il persécute chaque jour ? Il fait son œuvre : il est l'ennemi de Dieu dont les religieux sont les enfants de prédilection.

Le lieu où est construite l'abbaye, disait Monseigneur Pie, « est un lieu vraiment opportun, et par le choix qu'on a fait depuis longtemps la bienheureuse Vierge Marie pour y déployer sa puissance, et par l'esprit religieux des populations qui l'entourent et le fréquentent, et par les conditions réunies de facile abord et d'éloignement de tout bruit : assez de proximité pour n'être pas dépourvu de ressources, assez de séparation pour n'être pas troublé par l'agitation et le mouvement. »

L'âme s'élève facilement à Dieu dans cette belle solitude. Le chanoine est heureux de s'agenouiller aux pieds de sa Mère, le plus parfait modèle de la vie religieuse après son divin Fils. Ajoutons qu'ici la nature est splendide. C'est encore un moyen de dégager l'âme, de bénir l'Auteur de tant de beautés.

Sur les gradins extrêmes du cirque immense que l'œil embrasse devant soi, partout le cœur se sent en pays connu. Non, chère abbaye, tu n'es point ici une étrangère. N'entends-tu pas les voix caressantes des vieux prieurés réguliers qui te saluent du doux nom de sœur ? L'ange des Châtelliers descend de sa colline vers l'ange de Châteaumur ; ensemble ils gravissent la pente et dirigent leurs pas vers le seuil de l'ange de la Flocellière. Allons, disent-ils tous les trois, allons annoncer à nos bien-aimés frères de Saint-Michel, de Réaumur, de Montournais, de Cheffois, de Montigny... qu'il leur est né tout à l'heure une charmante sœur. Et les saints pèlerins du bon Dieu viennent faire connaissance avec le gardien de la jeune abbaye. Et les bons vieux Chanoines réguliers, endormis sous leurs tombes de granit, soulèvent un instant le couvercle pour contempler celle qui se lève radieuse auprès du sanctuaire de Beauchêne.

Au sein de l'abbaye la famille canoniale grandissait dans le silence sous la conduite de son vénérable prieur. Le noviciat, établi depuis trois ou quatre ans, était rempli de jeunes gens et de prêtres. Les vœux du cardinal Pie étaient exaucés. On avait compris au dehors que la vie des nouveaux religieux était vraiment régulière et sainte. On avait voulu la connaître de plus près et ensuite on l'avait aimée.

Il manquait cependant une gloire à la communauté; elle n'avait à sa tête qu'un prieur, elle voulait un abbé. Au mois de mai 1878 le Révérendissime Père Dom Alphonse Lalli, prieur, successeur du Révérend Père Dom Mariani, mort dans la maison canoniale de Mattaincourt, dans les Vosges, fut élu abbé de Beauchêne par le Chapitre général de l'Ordre, approuvé comme tel par Notre Saint-Père le Pape et bénit solennellement par Mgr l'évêque de Poitiers.

C'était grande fête à l'abbaye, grande fête parmi la population de Beauchêne. Ele était fière « d'avoir un *évêque* ». Cet *évêque* était populaire et bien aimé. On voulait le voir, demander ses conseils. Plus d'un dissident, pour faire abjuration de ses erreurs, vint se confesser à l'*évêque de Beauchêne*.

CHAPITRE IX

Beauchêne et les Décrets contre les religieux

Nous avons entendu dire bien souvent : Le bonheur sur la terre n'est pas de longue durée.

Cette parole ne tarda pas à se vérifier pour la communauté de Beauchêne. Le Président Grévy, avec ses dignes acolytes Gambetta, Constans, Cazot, Ferry..., agents de la franc-maçonnerie, se croyaient menacés dans leur pouvoir par les prières de quelques religieux. Il fallait les chasser de leurs monastères par la force ; après, la France serait forte, riche et glorieuse ; tout irait bien, le commerce serait prospère... Nos gens ont été d'assez mauvais prophètes. Pour agir promptement, car le danger était pressant, on bâcla vite un décret d'expulsion. On sait comment il fut exécuté dans la France entière. A Beauchêne, au milieu de nos populations religieuses, l'application des décrets fut un vrai triomphe pour la foi chrétienne. On en jugera par le compte rendu que nous reproduisons ici dans son entier.

L'ATTENTE

Dès les premiers jours d'octobre, le bruit se répandit que les iniques décrets du 29 mars allaient être rigoureusement appliqués aux Chanoines réguliers de Saint-Jean-de-Latran résidant à Beauchêne. Cette rumeur fit immédiatement accourir auprès des Pères de nombreux amis empressés de leur témoigner leur sympathie et leur dévouement. Il fut résolu qu'une surveillance de jour et de nuit s'organiserait au monastère. Riches et pauvres, châtelains et cultivateurs tinrent à honneur de prendre leur tour de garde. Plaisirs et affaires, tout fut mis de côté pour remplir ce devoir sacré.

Parfaitement renseignés par leurs espions, nos modernes Vandales furent très déconcertés par cette attitude des habitants du Bocage. En effet ils cherchent principalement, comme tous les malfaiteurs, à agir dans l'ombre et le secret. Aussi tout fut-il mis en œuvre pour lasser la patience des défenseurs de la Religion ; retards calculés, fausses alertes adroitement répandues, tous les moyens furent employés. Mais les maîtres du jour ignorent ce que peut la foi des catholiques en général et celle des Vendéens en particulier. Sur le simple bruit que l'exécution était imminente, nous avons vu, à plusieurs reprises, accourir par centaines les paysans autour du vénéré sanctuaire où leurs glorieux ancêtres ont prié pendant tant de siècles.

Malgré le désir de surprendre les Religieux, il

fallait pourtant en finir. M. le préfet Barrême crut voir une occasion favorable dans la cérémonie d'inauguration de l'école laïque de Bressuire. Mais on veillait et l'on comprit vite que si le préfet arrivait le 28 octobre à Bressuire pour une cérémonie fixée seulement au 30, son voyage avait un autre but. Aussi, dès le 29 au matin, toutes les mesures étaient prises, et les témoins au grand complet étaient réunis au monastère. Dans la journée, nous apprîmes que, sans doute pour donner le change, le préfet et le sous-préfet venaient de prendre la direction de Thouars. Cette ruse de guerre, un peu primitive, ne trompa personne, et chacun comprit que la matinée du lendemain était désignée pour l'accomplissement du forfait.

L'ATTAQUE

Les Pères dirent leur messe à quatre heures ; puis le Saint Sacrement fut emporté à l'intérieur de la maison. A cinq heures, les témoins au nombre de vingt-deux s'enfermaient avec les Religieux menacés, pendant que la foule s'amassait dans l'église et autour du monastère. Les paysans, accourus de toutes les paroisses voisines, hésitaient encore à croire à la possibilité de l'attentat. Pauvres gens ! ils ne savaient pas de quoi est capable un gouvernement sans Dieu.

A sept heures précises, les commissaires Painard, de Niort, et Labarre, de Bressuire, faisaient leur apparition, escortés des serruriers Blot et Gardereau et protégés par quatre brigades de gendarmerie ! Le commissaire central tira la sonnette du couvent, puis, sans attendre une réponse de l'intérieur, sans faire la moindre sommation, il fit immédiatement attaquer la serrure de la porte d'entrée par l'un des serruriers. Il est vrai que plus tard, réfléchissant sans doute à la grave responsabilité qu'il assumait, il a affirmé avoir fait les sommations d'usage ; mais, à la parole de ce fonctionnaire, nous pouvons opposer celle de toutes les personnes enfermées à l'intérieur de la maison, et celle non moins autorisée de M. de Beauregard, ancien conseiller général et maire de la commune de Montravers, lequel se trouvait à la porte du monastère au moment de l'arrivée du commissaire de police : il lui fit même observer la gravité de l'action qu'il commettait et il lui demanda de montrer les insignes établissant sa qualité.

Aussitôt avertis, les témoins se transportèrent à la porte et M. le comte de Chabot donna lecture aux commissaires et aux serruriers qui travaillaient sous leurs ordres, des articles 114, 184 et 456 du Code pénal. L'effraction de la porte dura plus d'une heure et demie, car il ne s'agissait pas d'un simple crochetage, mais de la démolition d'une véritable barricade de madriers et de pierres sèches. La fortification était si solide que les pinces cassèrent à deux reprises ; et la foule de crier : « *Vive la porte ! !* » Pendant tout le temps que dura ce travail, le bruit des marteaux était couvert par les cris de : « *Vive la Religion ! ! Vive la Liberté ! ! Vivent les Pères ! ! A bas les crocheteurs ! ! !* » cris poussés par une multitude indignée.

Si les crocheteurs n'eussent pas été protégés par la force armée, jamais ils ne seraient venus à bout de leur besogne. A certains moments on put même croire que la foule allait les enlever. Une brave femme du peuple, se faufilant à travers les gendarmes, parvint jusqu'au crocheteur Gardereau, et lui jetant un morceau de pain, elle lui dit : « Si tu as grand faim, voilà du pain, j'aime mieux te nourrir que de te voir faire cette besogne. » Et les sous et les croûtes de pain commencèrent à pleuvoir sur les misérables instruments des haines révolutionnaires [1].

Jusqu'ici le préfet Barrême et le sous-préfet Regnault s'étaient prudemment tenus à l'écart. De temps en temps un gendarme se détachait pour leur dire où en était le travail ; mais ils ne purent cependant échapper aux huées d'une troupe de jeunes Vendéennes s'empressant d'accourir sur le lieu du forfait.

Aussitôt qu'ils virent la porte prête à céder, tous les religieux se retirèrent dans leurs cellules, accompagnés chacun par deux ou trois amis. Le R. P. Rousseau, supérieur, resta seul à l'entrée du monastère, assisté de M. le comte de Rohan-Chabot et de M. Gabriel de Fontaine.

L'INTÉRIEUR

Avertis que le passage était enfin ouvert, le préfet Barrême et le sous-préfet Regnault pénétrèrent dans le monastère, à la suite des commis-

1. Le préfet Barrême a porté le châtiment de son crime. Il a été assassiné en wagon. Le meurtrier n'a jamais été découvert. La justice a-t-elle même mis de la bonne volonté à le chercher ? Sa veuve tient un bureau de tabac à Paris.

saires de police et de la brigade de gendarmerie de la Forêt-sur-Sèvre. Le préfet signifie au R. P. Rousseau que la Congrégation non autorisée des Chanoines réguliers de Saint-Jean-de-Latran est dissoute, et que la Chapelle doit être fermée. M. de Fontaine fait alors observer que Beauchêne est un lieu de pèlerinage où depuis des siècles viennent prier les malades et les infirmes de la contrée : « M. Barrème, continue-t-il, ayant jadis organisé et conduit de grands pèlerinages, doit savoir mieux que personne les graves inconvénients qu'il y aurait à fermer un tel sanctuaire. » A cette observation, faite sur le ton du plus grand calme, le préfet donne l'ordre d'expulser MM. de Chabot et de Fontaine. Avant de se retirer, M. le comte de Chabot voulut remettre au préfet une protestation signée par tous les témoins enfermés avec les Religieux, mais M. Barrème refusa de la recevoir.

Le sous-préfet demande alors que les portes des cellules soient ouvertes de bon gré, et il s'attire cette réponse, que puisqu'il est dans l'illégalité, il devra faire sa besogne jusqu'au bout.

En conséquence, il devient nécessaire de commencer la chasse aux Religieux. Les deux commissaires Painard et Labarre, suivis de leurs dignes acolytes Blot et Gardereau et d'une brigade de gendarmerie, montent dans le corridor des cellules. A chaque porte, il faut faire les trois sommations légales et renouveler les crochetages et bris de portes. La première cellule attaquée est celle du R. P. Girault [1], assisté de MM. Firmin Béraud et Charles Mayaud. Lecture est donnée de l'arrêté préfectoral, et sommation est faite au R. Père d'avoir à quitter le monastère. Sur son refus, il est appréhendé au corps par le commissaire Labarre qui le conduit jusqu'à la porte extérieure. Brisé par l'émotion, le Père est à deux ou trois reprises obligé de s'arrêter : mais il est durement invité à continuer son chemin, ce qu'il ne peut faire qu'avec l'aide de M. Béraud sur le bras duquel il s'appuie. A sa vue, la foule éclate en acclamations et se précipite à ses genoux pour demander la bénédiction du religieux persécuté.

La seconde porte crochetée fut celle du R. P. Ménard, assisté de MM. de Sarode, Cornilleau et Baudry. Le P. Ménard ne consentit à sortir qu'en

1. Le R. P. Girault quitta la France presque aussitôt, et partit faire une fondation en Angleterre. Il est mort, jeune encore, à Mattaincourt, en 1882.

cédant à la violence, et après avoir lu une protestation très énergique. Puis le commissaire Painard vient frapper à la porte du R. P. Roux. Celui-ci demande quel crime il a commis pour mériter la visite du commissaire de police, mais il n'obtient aucune réponse. Le commissaire donne ordre aux serruriers d'ouvrir la porte. Mais celle-ci est solidement arc-boutée et, pour entrer, il faut la briser complètement. Le R. P. Roux est assisté par MM. Chirac, Jean de Fontaine et Charles de Montenon. M. de Montenon demande à lire l'art. 184 du Code pénal, article protecteur de la liberté du domicile, mais le commissaire refuse de l'entendre ; alors le R. P. Roux lit lui-même cet article au commissaire en dépit de ses dénégations. En franchissant la porte de sa cellule, le P. Roux notifie également à tous les exécuteurs présents, l'excommunication majeure qu'ils viennent d'encourir. Pour parvenir à la cellule du R. P. Bonneau, qui suit celle du R. P. Roux, il est nécessaire de briser deux portes. Alors le R. P. Bonneau lit une énergique protestation contresignée par ses deux témoins, MM. Charles de Beauregard et Maurice de Buor.

Le cinquième expulsé fut le R. P. Vignaud, assisté de MM. Bréchard et Louis Mayaud. Puis successivement le P. Décout[1], assisté par MM. l'abbé Legrand, missionnaire ; Baudry, curé de Montigny ; Bontemps, serrurier, et J.-B. Maurisset ; le P. Guérin, assisté de MM. du Reau et Guinebertière, conseiller d'arrondissement. La huitième et dernière victime de cette brutale exécution, fut le P. Vendé, assisté de MM. l'abbé L. Couronneau, Auguste Marchand, Auguste Roux. Après l'expulsion de chaque Père, les témoins étaient sommés de sortir et conduits à la porte extérieure. A sa sortie, chaque Père était acclamé par la foule massée sur la place.

Restait le R. P. Faucher[2] qui, étant malade, avait été autorisé à demeurer avec le R. P. Rousseau, comme second gardien de la maison. Ses témoins, MM. René de Fontaine et Cheminant, demandèrent à rester près de lui, mais ils furent comme les autres conduits dehors par la gendarmerie.

Après la quatrième expulsion, le préfet Barrême

1. Dom Décout est mort au noviciat de Gubbio, province d'Ombrie (Italie).

2. Le R. P. Faucher a succombé à une affreuse maladie à l'hôpital Sainte-Marie, à Angers. Il emporta les regrets de tous ceux qui le connurent. On vénère sa mémoire comme celle d'un parfait religieux.

demanda de nouveau au R. P. Rousseau de lui épargner *une perte de temps inutile,* et de lui indiquer le chemin des cellules non évacuées. M. de Montenon, que l'on avait oublié d'expulser, intervint dans le débat et fit observer au préfet que *la perte de son temps* ne regardait en rien le R. P. Rousseau, et que, puisqu'il avait commencé la besogne, il pouvait bien l'achever. Le préfet donna ordre à un brigadier de gendarmerie de conduire le témoin dehors. Pour lui faire franchir les débris de la barricade démolie, deux gendarmes furent obligés de le prendre dans leurs bras.

LA CHAPELLE

Pendant la durée de l'expulsion des Religieux, la foule n'avait cessé de grossir d'heure en heure. Près d'un millier de personnes avaient fini par se réunir dans le petit village de Beauchêne. La chapelle n'avait pas désempli un seul instant. Des cierges innombrables brûlaient aux pieds de la Vierge miraculeuse. Toute la matinée, les fidèles avaient alterné la récitation du Rosaire avec les chants de deuil et de pénitence. Jusqu'au dernier moment, les chrétiens paysans du Bocage ne pouvaient croire à la fermeture de leur chapelle bien-aimée ; mais aussitôt le dernier religieux expulsé, le cri : « *A la chapelle !* » courut parmi la foule frémissante. Les cœurs palpitent d'anxiété ; on se précipite et, dans un instant, le vénéré sanctuaire est rempli de fidèles consternés. Tous les hommes se portent spontanément autour du maître-autel. Une voix puissante entonne le *Parce Domine,* et cette prière est continuée par la foule entière. L'émotion fait vibrer les voix. La foi donne à ce chant religieux des accents de supplication indicible. Rien ne peut rendre l'émouvant spectacle de tout ce peuple, les bras en croix, demandant pardon pour le crime qui, bientôt, allait être accompli. Le commissaire Painard entre alors par une porte latérale, il s'efforce d'imposer silence pour lire l'arrêté préfectoral. Il s'épuise inutilement : ses efforts sont infructueux ; les chants redoublent. Ordre est alors donné à la gendarmerie de faire évacuer la chapelle. Mais, si l'ordre était facile à donner, son exécution devait rencontrer plus d'obstacles. Les gendarmes supplièrent les hommes de sortir. — « Sortez, vous-mêmes, leur fut-il énergiquement répondu, nous sommes chez nous. » Les agents de la police les prirent alors au collet et les expulsèrent violemment. Vint ensuite le tour des femmes. Nous avons vu ces grandes chrétiennes, de toute condition et de tout âge, poussées par les épaules et chassées avec colère du saint lieu, par ceux qui ont coutume d'être les protecteurs du faible contre le fort. La véracité de notre récit nous oblige même à constater que les gendarmes, dont l'attitude avait été jusque-là assez convenable, exécutèrent les ordres donnés avec une véritable brutalité. La multitude, semblable à une mer houleuse, ne demandait qu'à franchir de nouveau le seuil de la chapelle ; les dignes témoins des Religieux demandèrent le calme. La foule se contint.

Les portes du sanctuaire furent enfin fermées avec fracas, au milieu des sanglots et des cris d'indignation du peuple exaspéré. Une immense clameur se fit entendre : « *Vive N.-D. de Beauchêne! Vive la Religion! A bas les excommuniés! A bas les sacrilèges! A bas les impies!* » Dans cette foule innombrable, on ne put constater une parole, un geste d'approbation en faveur de l'attentat. Les portes fermées, M. Gabriel de Fontaine adressa à la foule une chaleureuse allocution. Malgré notre impuissance à rendre l'expression de ces paroles vraiment sorties du cœur, nous allons cependant essayer d'en donner une bien faible analyse :

« Mes amis, en face des crimes que l'on vient d'amonceler, je vous félicite d'avoir manifesté des sentiments si catholiques et si dignes de vos ancêtres. Ce sacrilège, dont vous avez été les témoins attristés, sera-t-il le dernier ? Je n'en sais rien ; je n'ose l'espérer. Quoi qu'il en soit, devant cette chapelle désormais fermée à votre dévotion, en présence de Dieu que vous venez d'acclamer tout à l'heure, crions : Vive N.-D. de Beauchêne ! Jurons tous ensemble de défendre toujours nos prêtres, notre Église et notre religion, et, s'il faut, jurons de mourir au pied des autels ! » Et de toutes les poitrines sortit ce cri d'enthousiasme : « Vive N.-D. de Beauchêne ! Oui ! jurons de mourir pour notre foi au pied des autels. »

LE DÉPART

La triste besogne accomplie, les crocheteurs songèrent au départ. Un instant, voyant la foule amassée sur la place de l'église, ils avaient naïvement espéré que leur retraite passerait inaperçue. Ils avaient compté sans ceux qui les avaient si brillamment reçus le matin. En un clin d'œil l'omnibus du sieur *Pénaud* fut entouré par la multitude. La sortie de MM. Barrême, *Regnaud*, et Cie fut saluée par les cris : « A bas les renégats ! A bas les apostats ! A bas les empoigneurs de femmes ! » A ce moment se produisit un incident aussi honorable pour l'héroïne que ridicule pour la victime. La vaillante Vendéenne qui, dès le matin, avait lancé un morceau de pain à la tête du crocheteur, se glissa derrière le préfet et lui administra un vigoureux coup de pied dont le paletot préfectoral conserva les traces. Malgré son sourire grimaçant, M. Barrême était d'une pâleur livide. A cette heure, l'exaspération de la foule était telle qu'il eût suffi d'un mot pour que les séïdes de M. Constans reçussent immédiatement le châtiment bien mérité de leurs actes criminels. Un grand nombre d'hommes demandèrent ce mot; il leur fut refusé, car les catholiques ne sont pas des émeutiers. Cependant on put croire que la voiture du préfet allait être culbutée.

Déjà le serrurier *Blot* avait été saisi par quelques jeunes gens, lorsqu'un des Religieux expulsés se jeta au-devant de la foule et empêcha tout acte de violence. Le Préfet, dont le visage effaré parut alors à la portière, put voir par lui-même que les Religieux ne sont pas un danger pour la sécurité publique. La voiture partit enfin au bruit d'un tonnerre de malédictions. Tout cependant n'était pas fini. Le matin, M. le Préfet avait, en passant à travers champ, évité le bourg de Cerizay ; mais, pendant qu'il opérait à Beauchêne, on avait songé à son retour. Les barrières avaient été fermées, et, à leur grand désespoir, administrateurs et crocheteurs, contraints de faire une reculade, se virent encore obligés d'essuyer les huées de la population de ce chef-lieu de canton.

Après le départ du préfet, lorsque la foule commençait à s'écouler, les deux commissaires, honteux comme des voleurs surpris en flagrant délit de brigandage, sortirent de la chapelle et vinrent poser les scellés sur la grande porte. De nouvelles menaces les attendaient. Une femme du peuple, ramassant un morceau des portes brisées, fit voir en en frappant le commissaire central que ses compagnons les démolisseurs avaient bien travaillé. Les cris avaient recommencé ; mais, à ceux déjà tant de fois poussés vint s'en mêler un nouveau tout particulièrement désagréable au sieur *Painard :* celui de *vive Sara !* C'était l'homme de bien qui n'avait pas hésité entre sa position et son devoir.

Les deux poseurs de scellés, tête basse, le visage blême, rentrèrent au milieu de deux brigades de gendarmes et prirent le chemin de Cerizay. Une troupe de Vendéens voulut les accompagner aussi, pour les charger de leurs compliments et de leurs félicitations. Jusqu'au delà de Cerizay ils s'en acquittèrent à merveille. Tout était fini. Ce cruel épisode avait commencé le matin à sept heures et se terminait à midi.

On ne pourra dire que la splendide manifestation dont nous venons de parler ait été un acte isolé d'une classe privilégiée puisque à côté d'un représentant d'une des plus anciennes familles de France, se tenait une foule de simples ouvriers et d'humbles cultivateurs également empressés à venir témoigner leur amour à la Vierge et leur dévouement aux Pères de Beauchêne.

Le marquis de la Rochejaquelein avait espéré jusqu'au dernier moment pouvoir se joindre aux défenseurs des Religieux ; mais, retenu par la maladie, il avait écrit dès la veille qu'il serait de cœur et d'esprit au milieu de ses chers Vendéens, pour protester en faveur de la religion, du droit et de la liberté.

La chapelle de Beauchêne est fermée ; mais rien ne fera oublier aux Vendéens le chemin de ce vénéré sanctuaire. Déjà plusieurs paroisses voisines y ont envoyé leurs députations ; des fleurs et des branches de verdure couvrent ce seuil tant de fois franchi, tandis que des oriflammes de deuil suspendues au portail témoignent de la profonde douleur des fidèles de Marie. Nous savons que d'autres pèlerinages s'organisent. L'élan de la prière grandira de plus en plus, que nos ennemis le sachent bien : attaquer la foi vendéenne, c'est en provoquer les manifestations ; car dans ce pays de courage et d'honneur, les cœurs ne battent que

POUR DIEU, POUR L'ÉGLISE ET LA FRANCE.

CHAPITRE X

Beauchêne depuis les décrets. — L'Assemblée

La porte du monastère, brisée en mille morceaux que les fidèles emportèrent chez eux comme des reliques, resta longtemps dans ce triste état, montrant à tous l'acte sacrilège accompli par ceux dont la mission est de protéger le droit et la justice. Ils la virent avec une peine immense, les quatre mille chrétiens venus, le dimanche 7 novembre 1880, protester à leur façon contre l'expulsion des religieux et la fermeture brutale de la chapelle.

Des mains pieuses avaient couvert la façade du sanctuaire d'inscriptions et d'oriflammes. On chanta les Vêpres sur la place, beaucoup trop petite pour la circonstance. M. l'abbé Séraphin Gabard, sur la prière de M. le marquis de la Rochejaquelein, adressa à la foule quelques chaudes paroles sorties de son cœur de Vendéen et d'ami des religieux. Des cantiques à la Vierge terminèrent la touchante cérémonie.

La foule émue se retire lentement, emportant dans son âme le souvenir de la Madone, se demandant quel mal il pouvait y avoir à prier dans une chapelle. Soudain un immense cri parti de la place retentit dans les airs : Miracle! Miracle !! Les chants, un instant interrompus, reprennent avec un entrain enlevant. La porte du vénérable sanctuaire est ouverte à deux battants; on se précipite à flots dans l'enceinte sacrée. Ce sont des prières, des émotions, des larmes. On acclame la Vierge puissante, secourable à ses enfants.

Cependant la chose fit du bruit dans la contrée. Les autorités judiciaires de Cerizay et de Bressuire ne tardèrent pas à être informées. Aussitôt descente de justice à Beauchêne. Les scellés apposés par le préfet *Barrême* avaient disparu, la porte avait été ouverte. On voulait connaître l'auteur d'un pareil méfait. M. le juge d'instruction fit de sérieuses enquêtes, cita à sa barre bon nombre de personnes ; mais on ne savait rien, on n'avait rien vu, rien entendu. M. le juge de paix de Cerizay ne restait pas non plus inactif. On allait du reste volontiers à son audience. Nos gens de Beauchêne ne sont point riches ; ils avaient là une occasion facile de gagner de l'argent sans beaucoup de peine. Finalement tout ce déploiement d'informations, d'interrogatoires... arriva à découvrir l'auteur malheureux de l'attentat. Un oiseau sombre, un sinistre chat-huant, passant par devant la chapelle, avait, disent les chroniques d'alors, aperçu à la porte quelque chose d'insolite, deux points rouges reliés par une bande de galon blanc ; il s'en était approché et bravement avait emporté l'objet à ses curieux amis, dans le creux d'un châtaignier.

Depuis cette aventure légendaire, les hiboux parurent chaque soir en plus grand nombre sur le clocher et dans le marronnier voisin. Ils venaient, dit-on, chercher d'autres scellés dont ils voulaient, à l'imitation de leur confrère, se faire un collier à peu de frais.

On aurait pu chercher l'oiseau malencontreux, mais, outre que l'expédition eût présenté quelque difficulté, ces messieurs jugèrent peu convenable à leur dignité magistrale d'en venir à ce point.

Tout n'était pas fini. Les scellés avaient été indignement arrachés, la loi gravement violée ; force, jugea-t-on, devait rester à la loi. M. le sous-préfet Regnault descendit un beau matin par ici, les poches garnies de cire à cacheter, d'allumettes et de galons. Il fit fondre péniblement sa cire rouge, en barbouilla de son mieux les portes intérieures et extérieures, ne ménagea pas plus ses doigts délicats que sa précieuse étoffe. C'était bien travaillé, il le croyait du moins, le pauvre. Il avait compté sans l'humidité de l'édifice et les mains indiscrètes des Vendéens. Au bout de quelques semaines tout était décollé. Fallait-il avoir tant sué pour un résultat si peu durable! Nous ferons une enquête sérieuse cette fois. Gare au coupable ! Il sera pendu haut et court ! On vient comme précédemment, on s'installe dans une maison voisine ; on fait comparaître le village entier ; on interroge, on presse de questions, on fait des promesses, des menaces ; en un mot on met tout en œuvre. Un témoin se lève... la cour triomphe... on va savoir quelque chose ; on chuchote un nom propre, on voit le coupable tremblant, jugé, condamné, en prison, au bagne. — Messieurs, dit la bonne femme, vous me demandez si je sais *qui qui a brisé les scellés ?* Oui, je le sais. — Greffier, écrivez. — C'est une femme. — Comment s'appelle cette femme ? — Elle s'appelle la bonne Vierge ! Mettez-la donc en prison *cette-là !*

Dès lors, on renonça à fermer la chapelle, mais on ne voulut point permettre aux Religieux d'y célébrer les offices. Les fidèles priaient dans l'enceinte sacrée. Les Pères disaient la Sainte Messe à la sacristie. C'était fort incommode pour les uns et les autres. Aujourd'hui la chapelle est libre comme avant l'expulsion.

Depuis 1880, les habitants d'alentour n'ont guère ralenti leurs visites à la Vierge de Beauchêne. Ils y viennent par milliers le 8 septembre, jour de la fête patronale. Quelques-uns s'y rendent peut-être dans le but d'assister à l'assemblée ou *préveil;* mais c'est l'infime minorité. Point, comme dans beaucoup de localités, de danses ou d'orgies; notre fete a gardé encore à peu près exclusivement son caractère religieux.

CHAPITRE XI

Aux pèlerins. — Une visite à la chapelle

Quand un homme vient s'agenouiller dans une église, ce n'est pas pour admirer l'élégance des colonnes, l'élévation des voûtes, les décors de l'édifice ; c'est pour y faire sa prière dans le silence et le recueillement, en présence de la Divinité. Le pèlerin, aux pieds de Notre-Dame de Beauchêne, est peu curieux de savoir si elle est belle ou si elle dénote un manque de talent chez l'artiste qui l'a peinte ou sculptée; il laisse aux amateurs l'admiration, la science aux connaisseurs; lui ne voit là que sa Mère à laquelle il vient offrir ses pieux hommages, exposer avec confiance ses besoins spirituels et temporels. C'est un indigent devant une personne riche, un malade sollicitant la santé, un affligé cherchant consolation. Le pauvre s'inquiète peu de l'extérieur du riche qui lui fait l'aumône, le malade, des traits du médecin qui lui rend la santé, l'affligé, de la beauté de son consolateur. Cependant il est très permis de visiter les sanctuaires et d'y voir ce qui s'y trouve de beau. Sans doute, on décore les églises avant tout pour honorer le Dieu qui y réside, mais on le fait également pour accroître la piété des chrétiens.

Donc, puisque la chose est légitime, nous allons, si vous le voulez, chers pèlerins, faire ensemble un voyage autour de la chapelle. Nous nous proposons volontiers d'être votre guide. Sans être un savant, assurément nous connaissons un peu notre endroit.

Prenons d'abord de l'eau bénite dans le petit bénitier, là, à notre droite. L'eau bénite porte bonheur. Il faut en prendre le matin à son réveil, quand on entre dans sa chambre, au commencement de ses actions et le soir avant de se mettre au lit. C'est le meilleur moyen de vivre sous la garde de Dieu. Nous faisons ici une promenade sainte, commençons-la donc saintement.

A côté du bénitier, voici un tronc modeste. Les fidèles y déposent une aumône pour l'entretien de la chapelle. Elle n'est pas riche, elle est même pauvre. Le gouvernement ne donne rien, la communauté ne peut point prendre sur ses propres ressources (elle n'en a point) pour le lui consacrer. Comme la chapelle, le couvent a été construit sans dot.

La petite statue du Sacré Cœur, qui surmonte le tronc, vous tend les mains et semble vous dire: Donnez pour l'amour de moi qui vous ai tout abandonné; donnez, je vous vois et je vous récompenserai. C'est moi qui ai loué la faible aumône de la veuve au temple de Jérusalem.

Passons sous l'arceau de droite. Nous voilà en face d'un confessionnal. Il n'est pas le seul dans la chapelle, voyez. Ce tribunal de la pénitence est pour nous la preuve matérielle de la très grande miséricorde du Seigneur à notre égard. Que de fois nous y avons reçu le pardon de nos fautes ! Respectons, aimons le confessionnal, ce n'est point un meuble vulgaire.

Levez les yeux ; vous avez au-dessus du confessionnal un assez beau vitrail. Quel est ce saint en soutane noire et en surplis, d'une main montrant le ciel et de l'autre présentant le signe auguste de notre rédemption ? C'est un grand missionnaire. Il se nomme saint François-Xavier. Né en 1489, au château de Xavier, près de Pampelune, en Espagne, François était, comme tous les jeunes gens de l'époque, un amateur des plaisirs et de la liberté. Il vint à Paris terminer ses études. Là il fit connaissance d'un compatriote qui le convertit. Ce compatriote était saint Ignace de Loyola, le fondateur des Jésuites. François fut un de ses premiers disciples. Le 7 avril 1541, il s'émbarquait pour les Indes orientales qu'il allait convertir à la vraie religion. Pendant dix ans il annonça l'Évangile aux peuples de ces immenses contrées. Plus de cent mille païens reconnurent le vrai Dieu. Quelle moisson de mérites pour le ciel ! François mourut le 2 décembre 1552, à l'âge de cinquante ans. L'Église célèbre sa fête le troisième jour du même mois.

Le superbe vitrail de l'autel de la Vierge représente le mystère de l'Annonciation. Du côté droit, un grand personnage, les ailes étendues, tient à la main une branche de lis. C'est l'archange Gabriel. Il salue la Vierge Marie à genoux, dans l'autre panneau. La divine Enfant est maintenant occupée à lire les prophéties relatives à la venue du Messie sur la terre ; tout à l'heure elle travaillait : voyez, elle a laissé tomber sa quenouille à ses pieds. Imitez-la, femmes chrétiennes, joignez toujours la prière au travail. Je vous salue, lui dit l'ange, je vous salue pleine de grâces, le Seigneur est avec vous ; vous êtes bénie entre toutes les femmes. A ces paroles, la Vierge surprise se trouble. Gabriel la rassure immédiatement : Ne craignez point, Marie, vous avez trouvé grâce auprès de Dieu : vous concevrez et enfanterez un fils que vous nommerez Jésus. Il sera grand, et on l'appellera le fils du Très-Haut.

Dieu lui donnera le siège de David, son père, et il régnera toujours dans la maison de Jacob. Marie répondit : Comment cela se fera-t-il, puisque je ne connais point d'époux. Et l'ange reprit : L'Esprit-Saint descendra en vous, et sa vertu vous couvrira de son ombre. Ce qui naîtra de vous sera saint et appelé le Fils de Dieu. Élisabeth, votre cousine, qui est stérile, a elle-même conçu un fils depuis six mois. Rien n'est impossible à Dieu. Marie répondit : Je suis la servante du Seigneur, qu'il me soit fait selon votre parole.

Nous nous sommes plus d'une fois demandé pourquoi on n'avait pas représenté, à la place de cette scène, la nativité de Marie, fête patronale de la chapelle, ou la découverte de la Vierge dans le chêne, ou enfin la Mère de Dieu secourant les chrétiens. Une bataille de Lépante, telle qu'elle existe à Notre-Dame-de-la-Victoire, dans l'église des Carmes, à Rome, eût fait très bien. Peut-être aussi un épisode des guerres vendéennes n'eût-il pas été déplacé à cet endroit ?

Nous arrivons au lieu saint par excellence, au lieu cher à la piété des fidèles. Une grille en fer forgé, œuvre de M. Bontemps, de Cerizay, entoure l'autel et préserve la Vierge des mains parfois trop indiscrètes des bons pèlerins. Aimer la Vierge est de la piété, mais aller jusqu'à vouloir emporter des morceaux de la statue, c'est *de la barbarie*.

Dans les angles, à l'intérieur de la grille, deux corbeilles en zinc reçoivent les ex-voto offerts à la Reine de la terre. Ce sont des simulacres en cire. Il en est, vous le voyez, de plusieurs sortes. Une personne est-elle malade, souffre-t-elle à une jambe, à un bras, à la tête ; un enfant ne parle-t-il pas encore, est-il atteint de quelque douleur ; les animaux eux-mêmes sont-ils éprouvés par un fléau, en proie à quelque mal; la confiance apporte aux pieds de la bonne Mère une *ressemblance*, afin d'attirer par là son efficace protection. Et Marie, du haut de son trône, sourit à la touchante piété de ses enfants.

La petite Vierge, dans sa gracieuse niche, entourée des témoignages de la reconnaissance publique, cœurs en or et en argent, croix, anneaux... est là comme une douce reine. Reine, elle l'est véritablement, et reine couronnée d'une couronne enrichie de brillants. Son Jésus, qu'elle tient dans ses bras, et qui étend ses petites mains pour faire une caresse à sa mère, est pareillement couronné.

Nous devons ici une mention particulière au donateur de la croix de la Légion d'honneur, suspendue au bras de la Vierge. Elle rappelle un trait du crochetage. Le commissaire central de Niort était alors un bon chrétien, M. Sara. Plutôt que de consentir à expulser de paisibles religieux, il donna bravement sa démission. Il est mort depuis ce temps-là; mais il a voulu léguer sa croix à notre chère petite Vierge.

La statue vénérée est en chêne, comme nous l'avons dit plus haut; elle mesure, sans le socle, seulement trente-sept centimètres. Elle est, si l'on en croit un connaisseur distingué, M. O. de Rochebrune, l'œuvre d'un sculpteur très habile.

Le tombeau de l'autel est orné d'un bas-relief représentant la prière de la Vierge. Au fond, une cheminée, où brûle un feu bienfaisant; à gauche, saint Joachim, sous les traits d'un beau vieillard, les mains jointes sur les genoux, contemple son admirable fille ; à droite, sainte Anne, assise et pareillement les mains jointes, apprend à la petite Marie, à genoux à ses pieds, dans l'attitude de la plus fervente prière, comment elle doit élever à Dieu son esprit et son cœur.

De chaque côté du rétable et sur le mur de droite, des plaques en marbre blanc disent, par leurs bouches chaque jour plus nombreuses, merci à la sainte Vierge pour des grâces obtenues. Des couronnes de mariées, appendues aux murailles ou accrochées à la grille, ont été déposées là par de jeunes femmes, venues demander à la plus parfaite des épouses de les protéger dans leur nouvel état de vie.

Toutes ces béquilles, que ronge l'humidité, vieilles et jeunes, redisent aux serviteurs de Marie son pouvoir souverain sur les infirmités humaines. Écoutez la voix de ces instruments; elle chante le cantique de l'action de grâces. Depuis des siècles, que de malheureux ont recouvré ici l'usage de leurs membres ! O Marie, vous êtes et serez toujours le secours des chrétiens. *Auxilium christianorum, ora pro nobis.*

Dites-nous, cher compagnon de voyage, ne pensez-vous pas comme nous, que cet autel est bien pauvre ? Pour nous, nous le voudrions non pas en pierre mais en marbre, orné des plus belles peintures, entouré de lumières et de fleurs. Sans doute notre Mère est toujours admirable dans sa simplicité ; il n'en est pas moins vrai que nous aimerions à la voir resplendir au milieu des offrandes généreuses de ses enfants ; nous souffrons de l'état de choses actuel. La chapelle était autrefois une belle église, pourquoi ne le deviendrait-elle pas encore ? O Marie, notre tendre Mère, si vous nous aviez comblé des dons de la fortune, nous serions heureux de vous élever un temple digne de votre grandeur ; nous vous ferions couronner par un prince de l'Église et nous vous décernerions le titre glorieux de patronne de la Vendée.

A gauche de l'autel de la Vierge, dans une abside peu profonde se cache l'autel de saint Joseph. Le grand patriarche domine l'autel. Sa statue, plus que de grandeur naturelle, le représente, un lis dans la main droite, et tenant l'enfant Jésus sur le bras gauche. Une personne charitable, grande servante de saint Joseph et du Sacré Cœur, a fait don à notre chapelle de ces deux magnifiques statues.

Le médaillon du centre de l'autel indique une halte de la sainte Famille dans son voyage en Égypte. A gauche, saint Joseph, le bâton à la main, contemple l'Enfant-Dieu sur les genoux de sa mère. Derrière celle-ci, leur humble monture répare ses forces en broutant l'herbe des champs.

Le vitrail de cette chapelle nous montre l'illustre diacre saint Étienne. Il est revêtu de la dalmatique ancienne, et porte à la main la palme, symbole de son triomphe. Un encensoir, placé à ses pieds, semble indiquer le parfum de sa prière, ou l'une des fonctions du diacre, offrir de l'encens au prêtre pendant les offices de l'Église.

Étienne fut martyrisé l'an 35 de Jésus-Christ. Il était le plus fervent des sept diacres choisis par les apôtres. Plein de zèle pour la religion, il prêchait avec feu et opérait des conversions nombreuses. A la vue de ces succès, les Juifs craignirent pour leur Loi et résolurent de le mettre à mort. Étienne fut conduit hors de la ville de Jérusalem où on le lapida. Pendant qu'on lui jetait des pierres, il priait pour ses bourreaux. Parmi ces derniers se trouvait Saul, un des parents du saint diacre. Le persécuteur changé en agneau devint celui que nous honorons sous le nom de l'apôtre saint Paul. La fète de saint Étienne se célèbre le lendemain de Noël.

Pénétrons dans le sanctuaire. A droite, dans le vitrail, nous reconnaissons l'image gracieuse de la Vierge immaculée. La tète est entourée d'un nimbe où brillent douze étoiles. Les yeux sont modestement baissés et les bras croisés sur la poitrine. Ses pieds reposent sur un croissant qui représente la lune nouvelle. L'un écrase la tète du serpent infernal. Que de leçons à méditer dans cette image! Au-dessous un magnifique médaillon nous montre sur un autel la Vierge de Beauchêne. A genoux à ses pieds se tient une religieuse de la congrégation de l'Immaculée-Conception de Niort. Cette bonne fille remercie la Mère de Dieu de l'avoir guérie, à la suite d'une neuvaine, et lui présente sa béquille désormais inutile. Nous raconterons ce miracle plus loin.

Si nous enlevions la boiserie des stalles, juste en bas du vitrail, nous découvririons une intéressante inscription gravée sur marbre. Nous allons vous éviter cette peine et vous transcrire ici sa teneur.

Cette chapelle, construite par les anciens seigneurs de Puiguïon et de Beauchesne, sans dot, a été destinée pour la célébration de quatre messes basses par semaine, à l'intention des dames cy après nommées et leurs descendans, suivant qu'il est porté par l'acte de fondation des dits messes ou obiits, passé à Paris le vingt-huit juillet mil sept cent cinquante-cinq, pour la rétribution desquelles dites messes il a été donné, franc et quitte de tout droit, suivant les édits de Sa Majesté, la rente perpétuelle de deux cents livres sur le clergé de France, créée par acte du cinq juillet mil sept cent cinquante-cinq et achetée par outre du vingt-neuf du dit mois de juillet au dit an mil sept cent cinquante-cinq, celle de soixante et trois livres six sols sur les Aides et Gabelles de France, achetée par acte du dix-huit juin mil sept cent cinquante-six, et celle de cinquante livres sur les revenus du Roy, achetée par acte du trente juin mil sept cent cinquante-sept, tous les dits actes passés par devant Me Martel, notaire, qui a la minute, et son confrère notaire au Chatelet de Paris cloistre Sainte Oportune, par les soins et des deniers de feu haute et puissante Dame Anne de Granges de Surgères de Puiguion, veuve haut et puissant Pierre de la Court de Fonteniou, de haute et puissante Henriette-Elisabeth de Granges de Surgères Dame de Puiguion veuve haut et puissant Alphonse marquis de Lescure, et haute et puissante Dame Catherine-Henriette de Lambert, veuve haut et puissant Etienne marquis de la Taste, maréchal des camps et armées du Roy, lieutenant aide major des gardes de son corps ; dans la vue d'y attirer un bon prestre et par là satisfaire à la dévotion de tout le public pour la sainte Vierge, sous l'invocation de laquelle elle a été fondée et pour rendre plus gracieuse la résidence de celui qui y sera nommé par la dite Dame de Lescure et ses successeurs seigneurs propriétaires de la dite terre de Puiguion toutefois amovible à leurs volontés ; moy haute Dame de la Taste ay fait refaire et reconstruire à mes frais la maison attenant la dite chapelle pour le logement du dit prestre qui y célébrera les dites messes, laquelle n'aura d'autre destination et ne servira que pour luy seulement ; et outre la somme de dix-huit cent soixante livres que j'ay fournie pour parfaire les dites sommes cy dessus joindray le surplus pour que la rétribution monte aux environs de quatre cents livres, auquel dit prestre je demande de ne jamais oublier vivante ou morte, le but de la dite fondation, et du présent écrit, n'ayant aucune vue de respect humain, mais seulement par ma dévotion à la sainte Vierge, et actions de grâces des secours que j'en ay reçus par mes invocations, en la dite chapelle, et que celuy qui la desservira et tous ceux qui le liront prient Dieu pour les bienfaiteurs.

Fait au Château de Vezins le dix avril 1758.

Dans le vitrail du fond, au milieu, tout à fait en haut, un chevalier, casque en tête, épée au côté, offre à la Vierge de Beauchêne, placée sur un autel, un objet assez volumineux ; c'est le *Chevet de Notre-Dame.* Le chevalier est Jacques de Puyguyon. On le reconnaît à son écusson, reproduit imparfaitement sur son bouclier, et très visible au contraire un peu au-dessous.

Les grands personnages du bas sont : le premier, à droite, sainte Geneviève, la patronne de Paris et d'une congrégation célèbre de Chanoines réguliers, disparue à la Révolution française. La sainte porte à la main une houlette, pour indiquer son premier état de bergère. Un agneau, placé en bas, à sa droite, est une nouvelle preuve de la condition de notre bienheureuse. Les armes sont celles du marquis de la Rochejaquelein.

La seconde image, tout le monde la connaît, c'est la Vierge Mère. Elle tient son Jésus sur le bras gauche. L'Enfant-Dieu a dans la main droite un globe surmonté d'une croix ; c'est le symbole de la terre où règne la religion de Jésus-Christ. Le fils et la Mère pressent de la main droite une croix dont l'extrémité inférieure se termine par une lance. Avec cette lance ils transpercent tous les deux la tète d'un serpent.

Cela signifie que Marie, par sa maternité divine, et Jésus, par sa croix, ont détruit l'empire du démon. La lune sous les pieds de la Vierge, le serpent enroulé, rappellent que Marie est le plus beau des astres de l'Église et que le serpent a voulu en vain l'infecter de son poison mortel. Elle est restée toujours et seule immaculée parmi les filles d'Ève.

Les deux écussons du bas appartiennent, celui de gauche, à l'illustre cardinal Pie, évêque de Poitiers ; celui de droite, au bien-aimé Pie IX, de glorieuse mémoire.

Le troisième personnage, avec son bâton à la main droite et une branche de lis dans la gauche, est l'époux de Marie, le père adoptif de Jésus, le bon saint Joseph. Le blason est celui de la famille de Lescure.

Donnons maintenant un coup d'œil aux pauvres statues du sanctuaire. La première, à droite, est celle de saint Louis de Gonzague. Cet angélique petit saint est représenté ici en surplis et portant dans les mains un crucifix sur lequel il tient les yeux attachés. Quel air de candeur et de modestie dans toute sa personne ! On dirait un ange dans un corps mortel.

Louis de Gonzague est né le neuf mars 1568 à Castiglione, en Lombardie A peine commençait-il à marcher que déjà il se faisait remarquer par son amour de la prière et sa compassion envers les pauvres. A sept ans, les démons le montrent au doigt et disent de lui, en présence de plusieurs personnes : « Voyez cet enfant, il ira au ciel et y sera fort glorieux. »

Tous les jours dès lors il récitait, à genoux par terre, les sept Psaumes de la pénitence et l'office de la sainte Vierge. A huit ans, il faisait le vœu de virginité perpétuelle et trouvait le moyen d'assister tous les jours à la messe.

Nous ne raconterons point ici que Louis était constamment en la présence de Dieu, qu'il jeûnait au pain et à l'eau trois jours par semaine, malgré une santé fort délicate, qu'il prenait la discipline jusqu'à trois fois en vingt-quatre heures... nous dirons simplement qu'une vertu si grande n'était point faite pour le monde. En effet, Louis de Gonzague entra dans la compagnie de Jésus, à Rome, le vingt-cinq novembre 1585. Il y mourut de la mort des bienheureux, le vingt juin 1591, à l'âge de vingt-trois ans. Nous avons eu le bonheur de prier sur son tombeau dans la capitale du monde chrétien. Jeunes gens, imitez un saint que le pape vous a donné pour modèle.

La seconde statue est celle de l'apôtre saint Paul. Sa main gauche porte une tablette, sorte de cahier sur lequel on écrivait de son temps. De la droite il tient un stylet ou une plume. Le saint est représenté écrivant ses Lettres admirables aux églises fondées par son zèle. Converti sur le chemin de Damas, Paul est devenu le plus grand apôtre de la religion chrétienne. Il l'a prêchée avec des fatigues inouïes. Saint Luc, son disciple, raconte les travaux de son maître, dans le livre des *Actes*. Enfin, sous la persécution de Néron, il a eu la tête tranchée, à cinq ou six kilomètres de Rome. Le lieu de son supplice, Saint-Paul-les-Trois-Fontaines, est gardé aujourd'hui par une communauté de religieux trappistes. La superbe basilique de Saint-Paul-hors-les-Murs conserve le corps de l'Apôtre ; sa tête est vénérée, avec celle de saint Pierre, dans notre église de Saint-Jean-de-Latran, la cathédrale du monde chrétien.

L'apôtre saint Pierre, le chef du collège apostolique, le premier pape, est reproduit dans la statue suivante. Le pêcheur de Galilée tient à la main gauche également une tablette, où sont gravées ses deux Lettres aux églises, et à la droite, les clefs mystiques, symbole de son pouvoir spirituel d'ouvrir et de fermer le royaume des cieux.

Pierre a fini sa vie par le martyre. Il a été crucifié la tête en bas, par esprit d'humilité, se croyant indigne de mourir comme son divin Maître.

On nous a montré à Rome, sur le mont Janicule, le lieu même où reposait le pied de sa croix. Une petite chapelle ronde y a été construite. Elle est desservie par les Pères franciscains. Le corps du Chef des apôtres repose sous l'incomparable coupole de la basilique Saint-Pierre, à côté du palais des papes, ses successeurs.

Il est facile de reconnaître dans la dernière statue le portrait de saint Vincent-de-Paul, la gloire de notre France, le fondateur des Pères lazaristes et des admirables sœurs qui portent son nom. Le monde entier célèbre le dévouement de ces saintes filles. Les malades et les soldats blessés les décorent à juste titre du qualificatif de mères. Le saint presse sur sa poitrine un tout jeune enfant. Cela vous indique une des belles œuvres de *Monsieur Vincent,* l'assistance des enfants abandonnés.

Nous ne raconterons point ici la vie de ce héros de la charité chrétienne. Elle a été écrite par un de nos compatriotes, le savant chanoine Ulysse Maynard, de Poitiers.

Un lien nous rattache à saint Vincent-de-Paul. La maison mère de son ordre, Saint-Lazare, à Paris, a été donnée à l'homme de Dieu par les Chanoines réguliers de la congrégation de Saint-Victor. « Le Bon, chanoine régulier de Saint-Au-
» gustin, était pour lors prieur. Comme c'était un
» homme vertueux, qui gémissait de l'état pi-
» toyable où cette maison était réduite, il l'offrit
» à saint Vincent-de-Paul, qui refusa ses offres
» pendant un an, et ne les accepta que lorsqu'il
» y fut déterminé par André Duval, docteur de
» Sorbonne, en qui il avait beaucoup de con-
» fiance. Le concordat entre M. Le Bon et ses re-
» ligieux d'une part, saint Vincent et ses prêtres
» de la Mission de l'autre, fut signé le sept jan-
» vier 1632 [1]. »

1. Dictionnaire d'épigraphie chrétienne, tome II, p. 173

Le bon tableau que nous avons sous les yeux est, dit-on, de l'école du Corrège. Il représente, comme vous le voyez, la Vierge avec l'enfant Jésus et saint Jean-Baptiste. Il est à la chapelle depuis bien des années. On l'avait enlevé avant notre arrivée ici et relégué dans le grenier de la vieille cure où Monsieur Gabriel de Fontaine le dénicha. Il était alors en très mauvais état.

« Voici, nous écrit M. le marquis Julien de la
» Rochejaquelein, l'histoire du tableau : il a été
» donné par le roi Louis XVIII à ma grand'mère
» qui l'a déposé dans la chapelle de Beauchêne.
» Enlevé plus tard, il ne s'y trouvait pas quand
» j'ai donné la chapelle à la caisse diocésaine.
» L'ayant depuis rattrapé, je l'ai fait rentoiler,
» restaurer et l'ai rétabli dans la chapelle, sans
» me dessaisir de la propriété. »

L'autel où l'on conserve le Saint Sacrement est fort simple. Le sujet sculpté sur le tombeau est le Christ déposé de la croix. Le personnage de droite, à genoux et les mains pressées l'une dans l'autre, dans l'attitude de la douleur, est sainte Marie-Madeleine. On la reconnaît au vase de parfum placé à côté d'elle.

La seconde figure, agenouillée, tenant dans sa main gauche le bras du Sauveur et montrant à sainte Madeleine la plaie de la main gauche, est saint Jean, le disciple fidèle.

Entre lui et la Mère de douleur on aperçoit le pied de la croix. La scène reproduite ici se passe donc sur le Calvaire.

Marie est là assise dans l'expression de la plus profonde tristesse. Son fils inanimé repose sur ses genoux. Pauvre Mère, son Jésus n'est plus qu'un cadavre glacé ! Elle lève les yeux vers le ciel d'où le Père céleste lui envoie secours et assistance. Ainsi nous apprend-elle à nous adresser à Dieu dans nos angoisses.

Une sainte femme, prosternée à droite de Marie, contemple avec émotion le triste spectacle reproduit sous ses yeux. La Vierge semble lui dire, en lui tendant la main : *Regardez et voyez s'il est une douleur comparable à ma douleur.*

Aux pieds de cette femme gisent la couronne d'épines et les trois clous qui ont attaché à la croix les membres sacrés de notre bien-aimé Sauveur.

De chaque côté de cette représentation deux anges tiennent en main, l'un les saints clous et l'autre la couronne d'épines. Pourquoi reproduire ici deux fois les mêmes instruments de la Passion? N'aurait-il pas mieux valu en choisir d'autres ?

Pourquoi également un semblable sujet sur l'autel principal ? On dira peut-être : Cet autel était, avant 1872, celui de la Vierge miraculeuse. Très bien, mais cette scène ne convient qu'à une Notre-Dame de Pitié. La Vierge de Beauchêne a pour titre Secours des chrétiens, ou Notre-Dame auxiliatrice. Nous aurions, nous, préféré un sujet différent.

L'autel est privilégié à perpétuité, ainsi que le porte l'inscription du socle, c'est-à-dire *qu'en vertu du privilège accordé par le pape, tous les prêtres qui célèbrent à cet autel tirent immédiatement, et à chaque fois, une âme des flammes du purgatoire.* Les fidèles comprendront l'importance d'une telle faveur pour leurs parents défunts.

A gauche de l'autel, dans une sorte de petite niche, se trouve une statuette de saint Sébastien. Elle est en mauvais état, comme vous le voyez ; mais cependant les habitants ont pour elle une grande dévotion. Vous pouvez vous en apercevoir aux nombreux galons dont elle est chargée.

Quelques personnes nous assurent qu'elle est aussi ancienne que la Vierge et qu'elle a une semblable origine. Quoi qu'il en soit, il serait bon de la tirer de là et de la placer sur un autel plus convenable, après l'avoir restaurée.

Le tableau à l'huile que nous avons sous les

yeux est l'œuvre d'une bienfaitrice et d'une artiste des Vosges. Il représente sainte Geneviève en prière, gardant ses brebis. Merci à cette bonne dame ! Elle n'a pas compris, c'est regrettable, que son tableau gagnerait beaucoup à être encadré.

L'autel à notre gauche est aujourd'hui dédié au Sacré Cœur. La belle statue qui le surmonte l'indique suffisamment.

Autrefois la patronne de cet autel était sainte Germaine Cousin. Sa statue mutilée a été déposée à l'abbaye. Nous n'aimons pas à voir disparaître les bons vieux saints dont le culte est populaire. Espérons qu'un jour nos ressources nous permettront d'ériger dans la chapelle une statue à l'admirable bergère.

Le médaillon du centre de l'autel nous représente la bienheureuse filant sa quenouille en veillant son troupeau occupé à paître autour d'elle. Grande sainte Germaine, vous qui avez eu tant souffrir pendant votre vie, donnez-nous la patience et le pur amour de Dieu.

Le personnage en pied représenté dans le premier panneau du vitrail est sainte Rose de Lima. Elle a les mains jointes et la tête couronnée de roses blanches. Le peintre lui a mis la robe blanche et le scapulaire, parce qu'elle était engagée dans le tiers ordre de Saint-Dominique.

Rose est née à Lima, capitale du Pérou, en Amérique, le vingt avril 1586. Son nom de Rose lui fut donné par la sainte Vierge. Cette bonne Mère lui apparut dans son berceau et lui mit une rose brillante sur le front. A l'âge de cinq ans elle fit vœu de virginité et se coupa elle-même les cheveux.

D'une piété et d'une obéissance admirables, Rose avait encore pour ses parents le plus grand respect. Ils étaient pauvres : elle passait les jours et les nuits à coudre pour gagner leur vie. Elle prit l'habit de tertiaire le 10 du mois d'août 1606. Dès lors sa mortification grandit tous les jours. A quinze ans elle fit vœu de ne jamais manger de viande. Elle prenait si peu de nourriture que sa vie était un miracle continuel. Elle joignait à ses jeûnes des disciplines sanglantes et de terribles cilices armés de pointes d'aiguilles. Souvent elle portait une couronne garnie de quatre-vingt-dix-neuf pointes aiguës qui lui perçaient la tête. Son lit était une sorte de coffre où elle avait mis une dizaine de bouts de bois raboteux, séparés par trois cents morceaux de tuiles cassées. Toutes ces mortifications, incroyables si l'histoire ne les racontait, avaient pour but la répression de la chair, l'imitation de Jésus-Christ et la conversion des pécheurs.

Notre jeune sainte mérita, par la pureté de sa vie, la visite du divin Sauveur. Celui-ci lui apparut un jour et lui dit : *Rose de mon cœur, je te prends pour mon épouse.* Ravie de cet honneur inattendu Rose se hâta de répondre : *Seigneur, voici votre servante, je suis assez honorée de la qualité de votre esclave, et je porte dans le fond de mon âme les caractères ineffaçables d'une servitude nécessaire qui me rendent indigne de la qualité glorieuse de votre épouse.*

Cette visite du Sauveur lui semblait une illusion. La sainte Vierge daigna l'éclairer. *Rose,* lui dit-elle, *Rose, la bien-aimée de mon Fils, tu es maintenant sa véritable épouse.*

La sainte fille passait chaque jour douze heures en oraison. Chaque jour aussi, pendant l'espace de quinze ans, elle fut tourmentée horriblement par le démon qui la torturait toutes les fois durant une heure et demie.

Sa patience était admirable. Accablée de terribles douleurs d'asthme, d'estomac, de pleurésie, de goutte et de sciatique, jamais on n'entendit sortir de sa bouche d'autres paroles que celles-ci : *O bon Jésus, augmentez mes souffrances, mais en même temps augmentez en moi votre divin amour !*

Rose s'envola vers son Époux céleste, le vingt-quatre août 1617, à l'âge de trente et un ans et cinq mois. Sa fête est célébrée le trente du mois d'août.

A droite de sainte Rose vous voyez un illustre cardinal. Le peintre l'a représenté un crucifix à la main, les pieds nus et une corde au cou. Ce fut ainsi, dit-on, que saint Charles Borromée assistait à une procession publique, à Milan, dans le but d'arrêter la peste qui, en 1576, désolait cette malheureuse ville. Le saint cardinal fut le modèle des évêques, le réformateur de son clergé, la providence des pauvres et le père de tout son peuple. Les Milanais reconnaissants ont élevé sur son tombeau la basilique la plus splendide qu'on puisse voir.

Le vitrail placé sur la porte de la sacristie reproduit les traits de la patronne de Poitiers, *la bonne sainte Radegonde.* L'artiste lui a jeté sur les épaules le manteau royal orné de fleurs de lis, a mis sur son front un diadème et dans sa main droite un sceptre, insignes de sa dignité royale. Sainte Radegonde était en effet reine de France avant de venir à Poitiers s'ensevelir dans un monastère. Le couvent fondé par elle porte aujourd'hui le nom de Sainte-Croix, en souvenir d'une portion considérable du bois sacré de notre salut qui fut jadis donnée à notre sainte religieuse et qui est là encore pieusement conservée.

Le tombeau de sainte Radegonde est dans une crypte, sous le maître-autel de l'église qui, à Poitiers, porte son nom. Des miracles nombreux, obtenus chaque année, par l'intercession de la bienheureuse servante du Christ, attirent tous les ans en cet endroit une foule considérable de pieux fidèles. C'est, avec Saint-Martin de Tours, une des haltes du Pèlerinage national. La neuvaine préparatoire à la fête de la sainte Reine (13 août) est fort suivie.

Nous nous rappelons avoir lu quelque part que cette église fut pendant bien des siècles desservie par des chanoines réguliers de notre ordre.

La dernière verrière est consacrée à Notre-Dame du Rosaire. Dans le panneau de gauche, saint Dominique, à genoux, reçoit le rosaire des mains de la sainte Vierge. Dans le second panneau, la Mère de Dieu paraît sur une nuée, au-dessus d'un autel, tenant dans sa main droite un rosaire. Sur ses genoux l'enfant Jésus bénit saint

Dominique. Derrière le groupe, en haut, des anges témoins de la scène.

Dominique de Gusman était chanoine régulier au couvent d'Osma, en Espagne, avant de devenir le fondateur de l'ordre célèbre des dominicains. Il prêcha toute la croisade contre les Albigeois avec notre blanc costume canonial.

Il ne nous reste plus, pieux compagnons de notre pèlerinage, qu'à nous prosterner aux pieds de notre bonne grand'mère sainte Anne dont la statue est là dans l'ombre. Il faudrait ici, n'est ce pas, un grand vitrail pour donner de la lumière et enlever à la chapelle l'humidité qui la ruine. On y pourrait représenter le charmant tableau de l'extase de sainte Monique et de saint Augustin à Ostie. Nous serions bien heureux de voir notre excellent Père au milieu de sa famille spirituelle.

Adieu maintenant, chers amis. Puissent les belles choses dont nous avons été les témoins germer dans nos âmes et y produire des vertus solides !

CHAPITRE XII

Les Grâces attachées a la visite de la Chapelle de Beauchêne

Nous avons déjà signalé pour le deux août la magnifique indulgence de la Portioncule. Voici le bref de Sa Sainteté Léon XIII qui accorde à notre chapelle cette insigne faveur spirituelle à l'intention des âmes du purgatoire particulièrement.

LÉON XIII, PAPE

Pour future mémoire. — Dans le but d'augmenter la religion des fidèles et de procurer le salut des âmes par les trésors célestes de l'Église, nous concédons charitablement, de notre autorité apostolique, en vertu des présentes lettres, pour l'espace de sept années, à tous les fidèles de l'un et de l'autre sexe, vraiment repentants de leurs fautes et nourris de la sainte Communion, qui visiteront dévotement chaque année l'église abbatiale érigée en l'honneur de la bienheureuse vierge Marie, dans le lieu appelé Beauchêne, au diocèse de Poitiers, le deux du mois d'août, depuis les premières vêpres jusqu'au coucher du soleil de ce même jour, et y prieront pour la concorde entre les princes chrétiens, l'extirpation des hérésies, la conversion des pécheurs et l'exaltation de notre Mère la Sainte Église; pourvu qu'il n'existe en cet endroit, ou même à une distance de mille pas, une église de l'ordre franciscain, ou quelque autre, ou même un oratoire public dans lesquels cette même indulgence ait été accordée ; toutes et chacune des indulgences de la Portioncule, la rémission de leurs péchés et la remise de leurs peines spirituelles, grâces qu'ils obtiendraient en visitant personnellement n'importe quelle église des religieux et des religieuses de saint François, ce même jour ; nonobstant la règle de notre chancellerie apostolique de ne point accorder d'indulgences *ad instar*, les autres constitutions et décrets apostoliques contraires.

Donné à Rome, près Saint-Pierre, sous l'anneau du Pêcheur, le dix-neuf juillet 1892, de notre pontificat la quinzième année.

S. Card. VANNUTELLI.

Cette indulgence est une indulgence plénière. Elle se gagne depuis le premier août, à midi, jusqu'au coucher du soleil le lendemain, et autant de fois que l'on visite la chapelle, en y priant aux intentions du pape. Il est nécessaire de communier le deux août, mais la confession de huit et même de quinze jours est suffisante. On peut communier dans n'importe quelle église ou chapelle.

Monseigneur Pie, dans sa bonté pour nous et poussé par sa piété envers la sainte Vierge, a obtenu pour notre vénéré sanctuaire les grâces suivantes. Vous lirez avec plaisir sa demande au Saint-Père et la réponse favorable de Pie IX.

Très Saint-Père,

L'évêque de Poitiers, prosterné aux pieds de Votre Sainteté, expose très humblement qu'il existe dans le vaste territoire de son diocèse plusieurs sanctuaires ou oratoires publics, en l'honneur de la bienheureuse vierge Marie, érigés sous le vocable de Notre-Dame-de-Pitié, lesquels, restaurés ou agrandis par le zèle et la piété des fidèles, sont fréquentés par une foule de pèlerins qui augmente de jour en jour en nombre et en ferveur.

Or comme ledit évêque ne désire rien tant que de relever et d'exciter la dévotion et le culte envers la très sainte Vierge Mère de Dieu et spécialement envers le mystère de sa douloureuse Transfixion, et comme les ecclésiastiques et les pieux fidèles sont persuadés que ce serait de sa part encourager et renouveler cette dévotion que d'obtenir pour ces églises ou chapelles, à l'occasion de sa visite au tombeau des saints Apôtres, quelques grâces spéciales du Saint-Siège apostolique ;

Pour ces motifs, le même évêque supplie humblement Votre Sainteté qu'Elle daigne accorder :

1° Une *indulgence plénière* à gagner chaque année, à perpétuité, en se conformant aux règles ordinaires, par tous les fidèles qui auront visité l'église de Beauchêne, près Cerizay, le *jour de la fête de Notre-Dame des Sept-Douleurs*, soit le vendredi après le dimanche de la Passion, soit le troisième dimanche de septembre, et les jours des fêtes de l'*Immaculée-Conception*, de la *Nativité* et de l'*Assomption* de la sainte Vierge, ou bien les dimanches dans l'octave de ces mêmes fêtes ;

2° Une *indulgence de cent jours* à gagner par tous les fidèles qui, à quelque jour que ce soit, auront visité ladite église et y auront prié dévotement.

LOUIS-ÉDOUARD, évêque de Poitiers.

Notre Saint-Père le pape Pie IX a répondu à cette supplique par le bref qui suit :

PIE IX, PAPE

POUR FUTURE MÉMOIRE. — Notre vénérable frère Louis-François, évêque de Poitiers, a pris soin de nous exposer qu'il existe dans son diocèse une église sous le nom de Notre-Dame-de-Beauchêne, près Cerizay, où il se fait continuellement un grand concours de chrétiens pour honorer les douleurs de l'immaculée Mère de Dieu ; c'est pourquoi il a supplié notre bienveillance apostolique de daigner ouvrir le trésor des grâces célestes afin d'augmenter la piété et la dévotion des fidèles envers la Vierge Mère des douleurs.

Or, Nous qui avons grandement à cœur de mettre à la portée des fidèles tout ce qui Nous paraît propre à augmenter la religion et à procurer le salut éternel des âmes, Nous avons voulu Nous rendre favorable à cette supplique et avons accordé à ces instances de la manière qui suit :

C'est pourquoi par la miséricorde de Dieu, Nous accordons à tous et à chacun des fidèles de l'un et de l'autre sexe, qui vraiment *pénitents, confessés* et *communiés*, auront *visité* chaque année l'église de Beauchêne les jours des fêtes de l'*Immaculée-Conception*, de la *Nativité* et de l'*Assomption* de la sainte Vierge, ou les *dimanches qui suivent immédiatement* ces fêtes, selon le choix et la commodité de chacun, ou bien le *troisième dimanche de septembre,* depuis les premières vêpres, et le *vendredi de la semaine de la Passion,* depuis le lever jusqu'au coucher du soleil, y auront prié pour la concorde entre les princes chrétiens, l'extirpation des hérésies et l'exaltation de la sainte Église notre Mère, pourvu qu'ils l'aient fait un des jours désignés, une *indulgence plénière* qui ne pourra être gagnée *qu'une fois* par chaque fidèle dans chacun de ces cinq jours, et Nous leur donnons indulgence et rémission de leurs péchés.

Nous remettons en outre, dans la forme ordinaire de l'Église, aux mêmes fidèles, pourvu qu'ils aient la contrition, qui visiteront ladite Église et l'image de la sainte Vierge qui s'y trouve, et y auront prié aux mêmes intentions, quelque jour qu'ils le fassent, *cent jours* des peines qu'ils auront encourues, et nous accordons que l'on puisse appliquer, par forme de suffrage, toutes et chacune de ces indulgences, rémission des péchés, et remises des peines aux âmes des fidèles décédés dans l'amour de Dieu.

Les présentes valables pour dix ans seulement[1]. Donné à Rome, près Saint-Pierre, sous l'anneau du Pêcheur, le dix juillet de l'année 1866, de notre pontificat la vingt et unième.

N. Cardinal Paracciani Clarelli.

En vertu d'une concession des papes Innocent XII et Paul V, les fidèles qui visiteront notre chapelle abbatiale de Bauchêne gagneront, aux conditions ordinaires, une indulgence *plénière*, aux jours suivants :

1. Cette concession, renouvelée depuis lors, a été concédée à perpétuité par N. S.-P. le Pape Pie IX, le 4 juillet 1876.

1° Le *cinq mars,* jours de la fête de tous les saints chanoines réguliers ;

2° Le *dix-sept mars,* jour de la fête du grand saint Patrice, chanoine régulier et apôtre de l'Irlande ;

3° Le *jour du Jeudi-Saint;*

4° Le *saint jour de Pâques ;*

5° Le *quatre mai,* jour de la fête de sainte Monique ;

6° Le *seize mai,* jour de la fête de saint Ubald, chanoine régulier et évêque de Gubbio ;

7° Le *jour de l'Ascension* de Notre-Seigneur Jésus-Christ ;

8° Le *vingt-huit août,* jour de la solennité de saint Augustin ;

9° Le *neuf novembre,* jour de la dédicace de l'archibasilique de Saint-Jean-de-Latran ;

10° Le *vingt-cinq décembre,* jour de la Nativité de Notre-Seigneur Jésus-Christ.

Le cardinal Pie n'a pas oublié notre chapelle. On en jugera par la lettre suivante :

« Nous accordons aux fidèles 80 jours d'indul-
« gences chaque jour où ils prieront devant la
« statue du Sacré Cœur, dans l'église abbatiale
« de Notre-Dame de Beauchêne, et 60 jours cha-

« que jour où ils prieront devant la statue de « saint Joseph.

« Beauchêne, 4 septembre 1879.

« ✝ L. E. card. Pie, èv. de Poitiers. »

Pour terminer la série des grâces concédées à la chapelle, nous mettons enfin sous les yeux du lecteur le bref de Sa Sainteté Pie IX relatif à l'indulgence de l'*autel privilégié*.

PIE IX, PAPE

Pour future mémoire. — Veillant avec une charité paternelle au salut de tous, Nous enrichissons parfois les lieux saints de faveurs spirituelles et d'indulgences afin que les âmes des fidèles défunts puissent obtenir les suffrages des mérites de Notre-Seigneur Jésus-Christ et de ses saints et qu'aidées par ces mérites elles soient délivrées des peines du purgatoire et arrivent par la miséricorde de Dieu au salut éternel.

Voulant donc enrichir de cette faveur spéciale l'église ou oratoire public érigé à la bienheureuse Vierge Marie dans le village appelé vulgairement Beauchêne, sur la paroisse de Cerizay, dans le diocèse de Poitiers, ainsi que l'autel majeur de ce même oratoire, pourvu qu'il ne s'y trouve pas d'autre autel privilégié; appuyé sur la miséricorde du Dieu tout-puissant et sur l'autorité des bienheureux apôtres Pierre et Paul, Nous concédons et accordons que toutes les fois qu'un prêtre séculier ou appartenant à un ordre ou institut régulier quelconque célébrera le saint sacrifice à ce même autel pour l'âme d'un fidèle de Jésus-Christ, sortie de cette vie, unie à Dieu dans la charité, cette âme reçoive du trésor de l'Église une indulgence en forme de suffrage, tellement que par les mérites de ce même Jésus-Christ, de la bienheureuse Vierge immaculée et de tous les saints, elle soit délivrée, si tel est le bon plaisir de Dieu, des peines du purgatoire.

Et cela nonobstant toutes choses contraires, les présentes valables pour dix ans seulement[1].

Donné à Rome, près Saint-Pierre, sous l'anneau du Pêcheur, le seize juillet de l'année 1866, de notre pontificat la vingt et unième.

N. Cardinal PARACCIANI CLARELLI.

Toutes ces grâces et ces privilèges accordés à notre vénérable sanctuaire sont autant de motifs propres à encourager la dévotion des pieux fidèles. Les habitants de Beauchêne sont ici les mieux par-

1. Nous avons maintenant l'autel privilégié *à perpétuité*. Le Bref qui l'accorde porte la date du 21 juillet 1876.

tagés. Il leur est facile de visiter la chapelle, soit à l'heure des messes, soit aux diverses heures de la journée. Nous ne saurions trop les engager à profiter de ces bienfaits pour eux et leurs parents défunts. Sachez donc, chers amis, que nous rendrons compte à Dieu, au jour du jugement, des trésors que nous avons laissé perdre par notre négligence.

CHAPITRE XIII

Les Miracles opérés par l'intercession de Notre-Dame de Beauchêne.

Il n'est guère de sanctuaires dédiés à la bienheureuse Vierge où cette bonne Mère ne répande des grâces particulières sur ses enfants. L'âme et le corps sont de sa part l'objet d'une pieuse et constante sollicitude. Parmi ces foules de lieux bénis il faut compter en première ligne, chez nous, Notre-Dame de Lourdes, Notre-Dame des Victoires et Notre-Dame de la Salette.

Il est, à côté de ces centres privilégiés et à part, d'autres chapelles où la divine Marie fait éclater sa bonté d'une façon moins fréquente et moins continue. C'est dans cette catégorie que nous rangeons notre humble église. Mais entre toutes celles-ci elle n'est pas la dernière.

Notre intention n'est point de raconter dans ce chapitre les grâces spirituelles obtenues par l'intercession de Notre-Dame de Beauchêne. Ces grâces sont connues du ciel et de ceux qui en sont l'objet sur la terre. Si notre Vendée a gardé la foi, elle le doit à la Vierge de Beauchêne. Nous nous bornerons à citer quelques faits extraordinaires, quelques guérisons dues à l'intercession de notre Madone bénie. Puisse l'amour envers notre céleste Mère y puiser un nouvel accroissement ! Nous serons amplement payé de notre peine.

Alexandre Diguet, 1835.

Alexandre Diguet demeure à la Boutinière de Saint-André-sur-Sèvre, canton de Cerizay. Il a aujourd'hui soixante-quatre ans. A l'âge de sept ou huit ans (il ne se rappelle pas au juste la date), il lui vint à une jambe un dépôt considérable d'humeurs. Il eut à supporter des douleurs atroces pendant deux ans. Sa jambe, repliée en arrière, touchait presque à la cuisse. Il en était sorti deux os d'une certaine grosseur. On les a, nous dit-il, enterrés dans le cimetière de Saint-André. Je vis, continue-t-il, trois médecins, mais ils ne connaissaient point mon mal. Ils vinrent plusieurs fois tous les trois ensemble. C'étaient les docteurs Roboüam, de la Forêt-sur-Sèvre, Coulon, de Cerizay, et un autre dont j'ai oublié le nom. Ils disaient toujours qu'il fallait me couper la jambe. Ma mère ne le voulait point, ni moi non plus ; pourtant je souffrais bien. Je suis allé plusieurs fois à Beauchêne avec ma mère demander ma guérison à la sainte Vierge. Je n'ai pas guéri : faut croire que je ne priais pas assez bien. Enfin un jour les médecins viennent encore et veulent cette fois me couper la jambe. Non, leur dit ma mère, vous ne la couperez pas. Je guérirai bien mon fils, moi. Le lendemain nous allions à Beauchêne ma mère et moi. Voilà que tout à coup, pendant que nous priions, je me lève de ma chaise et me mets à marcher dans la chapelle. J'étais bien surpris, car je n'avais rien senti quand ma jambe avait été guérie. Je n'avais plus de mal, mais du tout. Je revins à la maison joyeux et presque en courant, puisque ma mère ne pouvait pas me suivre. Depuis, je n'ai jamais souffert de ma jambe. Je vais souvent à Beauchêne remercier la sainte Vierge. Je ne passe jamais dans le village sans entrer dans la chapelle. Je suis heureux d'y voir mes vieilles béquilles. Bon Père, il y en a qui se moquent de cela, ceux-là sont des imbéciles.

N. Femme Poupain, 1846.

Louise Poupain, épouse de N. Godet, du village de la Poëlière, commune de la Petite-Boissière, canton de Châtillon-sur-Sèvre, Deux-Sèvres, nous raconte le fait suivant. Ma mère était atteinte depuis longtemps d'une terrible maladie contre laquelle tous les efforts des médecins étaient demeurés impuissants. Plein de confiance en la Vierge de Beauchêne, mon père promet de faire à pied un voyage à son béni sanctuaire. Pendant le voyage ma mère est devenue beaucoup mieux ; elle a recouvré complètement la santé quelques jours plus tard. Ma mère avait alors cinquante ans ; elle est morte dans sa quatre-vingt-cinquième année.

H. R., 1862?

Nous ne saurions trop garantir la date des deux guérisons suivantes qui nous ont été contées avec émotion par le miraculé même de Notre-Dame de Beauchêne. Nous croyons nous rappeler que la chose a eu lieu il y a une trentaine d'années. La date importe du reste assez peu.

H. R., charpentier à Saint-Mesmin-le-Vieux, canton de Pouzauges, Vendée, était occupé à abattre un chêne. L'arbre tombe sur lui. Le malheureux a la tête enfoncée en terre, une partie du cuir chevelu enlevée, un pied en tel état que le talon est retourné sens dessus dessous et un bras complètement inerte. Ses compagnons le retirent avec peine, en prenant mille précautions, et l'emportent chez lui. Pas n'est besoin de décrire la douleur de sa femme et de sa fille.

On court chercher les docteurs Guinebertière, à Cerizay, et Barbaneau, à Pouzauges. Le blessé est condamné à rester quarante jours sur son lit pour remettre la jambe malade. Au bout de ce temps la jambe et la tête étaient à peu près guéries; mais le bras était toujours sans mouvement et insensible. Les médecins avouent n'y pouvoir rien. A cette triste parole, la foi du patient se réveille; il invoque Notre-Dame de Beauchêne, lui promet vingt francs pour sa chapelle. Vingt jours plus tard le bras avait repris son état normal. C'est un miracle de Notre-Dame de Beauchêne, nous disait cet homme. Sans elle j'étais estropié toute ma vie. Aussi je ne l'oublierai jamais. Et ce disant, de grosses larmes de reconnaissance inondaient ses joues.

N. Femme H. R., 186. ?

Quelques années après, continue le même narrateur, ma pauvre femme tombe malade. Elle était dans un état désespéré. La médecine ne lui apportait aucun soulagement. J'eus encore recours à Notre-Dame de Beauchêne, en lui promettant une somme dont j'ai oublié le chiffre aujourd'hui. Ma femme guérit presque aussitôt.

Cet homme est un bon chrétien, intelligent et sérieux. On ne peut douter de son témoignage. Ses larmes du reste sont une preuve suffisante de sa véracité.

Sœur Madeleine, 1864.

Louise-Henriette Filluzeau, en religion sœur Marie-Madeleine, est née à Antigny, canton de la Châtaigneraie, Vendée, le trente et un août 1831. Elle entra dans la communauté des religieuses de l'Immaculée-Conception, à Niort, le vingt et un septembre 1860, en qualité de sœur converse. Au mois de septembre 1861, elle fut envoyée en fondation à Cerizay. Dès le mois de décembre elle se sentit prise de douleurs très aiguës dans tous les membres. Le médecin fut immédiatement appelé, mais ses soins furent inutiles. Il essaya vainement les toniques, les cautères, les fumigations... l'état maladif de la sœur devenait de plus en plus grave. La supérieure générale voyant dans cette maladie un obstacle réel pour l'admettre à la profession, donna ordre à la supérieure locale de Cerizay de la remettre à sa famille très pauvre ou de lui solliciter une place à l'hôpital de son pays. La supérieure locale, appréciant la piété, le bon esprit, les autres qualités et surtout le désir ardent de sœur Madeleine de se consacrer à Dieu par les vœux de religion, représenta aux supérieurs majeurs que la présence de ce membre souffrant attirerait la bénédiction de Dieu sur la Congrégation. Elle sollicita et obtint de garder la pauvre infirme. Sœur Madeleine ne cessa d'édifier la communauté par sa grande patience et sa résignation. Le médecin déclara sa maladie incurable, après lui avoir donné inutilement ses soins pendant dix-huit mois. La malade était devenue incapable de marcher, sans le secours d'un bâton d'abord, puis d'une béquille, pour soutenir son corps affaibli et suppléer à une jambe devenue de dix centimètres plus courte que l'autre. Pendant plus de deux ans elle ne put prendre que des potages très légers, un seul par jour, ou quelques cuillerées de lait ou de vin, mouillé de beaucoup d'eau, qu'elle rejetait souvent. Elle avait l'estomac très enflé. On avait été dans l'obligation d'élargir son corset et sa robe.

Cependant le dimanche et les jours de fêtes elle voulait satisfaire sa piété en s'approchant des sacrements. On la voyait se traîner à l'église contiguë au monastère. Elle s'asseyait auprès de la sainte table et M. le curé daignait lui apporter la sainte communion.

Malgré sa résignation, elle désirait cependant guérir, afin de faire ses vœux. Voyant que tous les moyens humains étaient impuissants, elle s'adressa à Notre-Dame de Beauchêne. La pensée première lui en fut suggérée par M. l'abbé Alexandre Baudry, mort curé à Montigny, près Beauchêne. Ma sœur, lui dit un jour le bon abbé, voulez-vous venir à Beauchêne? Je vous emmènerai dans ma petite voiture à âne. La sainte Vierge vous guérira. Essayez au moins une neuvaine. Elle commence en effet une neuvaine le vingt janvier, veille de la fête de la bonne petite sainte Agnès. Le jour et la nuit les souffrances redoublent et deviennent intolérables. L'état dura ainsi sans amélioration jusqu'au mois de septembre. A l'approche de la Nativité, sœur Madeleine, sans rien dire à personne, commence une seconde neuvaine. Le matin de la fête, les religieuses vont à la messe à Beauchêne. Élles y prient avec ferveur pour leur chère malade. Nous reviendrons tantôt, vous aurez la bonté, lui disent-elles en riant, de nous préparer notre dîner. A peine les sœurs parties, elle se lève, va chercher des légumes, fait cent tours, sans se rendre compte qu'elle marche ; sent qu'elle a faim, mange un bon morceau de pain, va tirer à boire à la cave, revient, voit avec étonnement sa béquille restée dans un coin de la cuisine, porte la main à sa jambe malade : plus de tumeur, plus de plaie. Je suis guérie, s'écrie-t-elle ! La sainte Vierge m'a guérie. Ivre de joie, elle monte à l'oratoire remercier Notre-Dame de Beauchêne. Quand elle a terminé sa prière, elle se met à faire le ménage.

Les religieuses arrivent au couvent à onze heures et demie. Elles voient la béquille de sœur Madeleine sur une chaise. La pauvre enfant est sans doute plus malade, se disent-elles ? Sœur Agnès s'apprête à monter, quand elle entend un grand bruit et voit sœur Madeleine descendre précipitamment l'escalier. — Je suis guérie, guérie, mes sœurs, je suis guérie ! Et ce disant, elle marche comme la personne la mieux portante.

Dans l'après-midi, la communauté se rend à la cure informer M. Pacreau de l'événement merveilleux. — Est-ce bien sûr, mes chères sœurs ? M. le curé et M. l'abbé Niort, actuellement curé de Montravers, vont à la maison s'assurer de la chose. — C'est vrai, elle est guérie ! Ils voient en effet sœur Madeleine marcher facilement, manger d'un appétit excellent. — Et votre estomac ? — Il ne me fait plus souffrir. Il est dégonflé complètement. Elle flotte en effet dans ses vêtements maintenant trop amples. On décide aussitôt d'aller à Beauchêne remercier la sainte Vierge. Le bruit de la guérison se répand comme une traînée de poudre. Une cinquantaine de personnes accompagnent l'heureuse miraculée. On porte en triomphe la béquille désormais inutile. Le long de la route l'action de grâce commence par la récitation du chapelet. A l'arrivée de la petite procession à Beauchêne, la foule crie au miracle et se précipite pleine d'enthousiasme à la chapelle, trop petite pour la circonstance. Des pleurs de joie, des cris de triomphe à la Vierge se mêlent à l'ardeur de la prière. M. l'abbé Honoré Ménard, vicaire de Cerizay, entonne le *Salve Regina,* puis le *Magnificat,* que toute l'assistance continue.

Le lendemain sœur Madeleine, aussi peu fatiguée que la veille, assiste à Beauchêne à une messe d'action de grâce dite par M. l'abbé Ménard.

En apprenant la réalité des faits, M. le docteur Durivault s'écrie : La guérison est divine, il n'y avait pas de guérison possible. Sœur Madeleine est morte de la poitrine, à Cerizay, en 1867.

Marie Ayrault, 1864.

Marie Ayrault habite la paroisse de Nueil-les-Aubiers, canton de Châtillon-sur-Sèvre. C'est aujourd'hui une grande fille, d'une santé robuste. Elle n'a pas toujours joui de ce précieux avantage. Plus d'une fois sa mère éplorée a tremblé de la voir expirer sous ses yeux. Jusqu'à l'âge de deux ans et au delà elle ne prenait aucune nourriture sans entrer immédiatement en convulsions; les fruits surtout produisaient infailliblement cet effet désastreux. Sa pauvre mère, ne sachant où trouver un remède au mal, conduit sa petite fille à Notre-Dame de Beauchêne. Sa prière est aussitôt exaucée. A la chapelle d'abord, puis toute la journée, Marie mange des bonbons, du pain, des fruits :

rien ne l'incommode plus. Depuis, jamais elle n'a souffert de l'estomac.

Théophile Fuzeau, 1872.

On nous écrit d'Argenton-Château, à la date du 10 octobre 1892 : «Voilà les renseignements que je peūx vous donner sur la maladie de mon fils. Il est né le 16 mai 1872. Sept mois plus tard il a été atteint de convulsions pendant deux mois. Au bout de ces deux mois, on lui a fait prendre un remède très fort, et c'est à la suite de ce remède qu'il est resté six semaines sans voir ni entendre. Les médecins ne savaient quoi y faire. Ils étaient deux à le soigner, et ni l'un ni l'autre n'avait vu de cas semblable. C'est alors que j'ai eu recours à Notre-Dame de Beauchêne. Je lui ai fait dire une messe et j'ai promis un voyage à Beauchêne, sitôt qu'il pourrait le faire. Trois jours plus tard, pendant que la messe se disait, il a vu et entendu.

Marthe Fuzeau. »

Madame Fuzeau oublie ici un détail qu'elle nous avait raconté peu de jours avant la réception de sa lettre, c'est la surprise du médecin. Monsieur, lui dit la mère, quand celui-ci vint voir l'enfant, mon fils est guéri, il voit et entend.

— Ce n'est pas possible, madame. Aussitôt le docteur approche sa montre de l'oreille de l'enfant, qui manifeste sa joie, puis il sourit et veut s'emparer de la montre qu'il contemple avec une visible satisfaction.

Louise Poupain, 1872.

En 1872, Louise Poupain était une toute jeune femme. Elle habitait la paroisse de la Petite-Boissière. Restée seule à la maison, le 7 septembre de cette même année, elle vaquait à ses occupations ordinaires. Elle avait mis au feu une marmite assez lourde dans laquelle elle avait fait cuire un morceau de lard et des choux pour le dîner de la famille. Elle veut retirer la malheureuse marmite, afin de tremper la soupe. Comme sa grossesse avancée ne lui permettait pas de faire beaucoup d'efforts, elle se renverse le liquide bouillant sur un pied. Le pied se gonfle, se couvre de pustules énormes; bref, ce sont des souffrances intolérables. Au milieu de la nuit, ne pouvant plus y tenir, elle promet un voyage à Notre-Dame de Beauchêne. Au même instant les douleurs disparaissent complètement; cependant la plaie demeura quelque temps encore. Le lendemain, 8 septembre, fête patronale de Beauchêne, le mari de la jeune femme faisait le voyage promis.

Gabriel Banassat, 1874.

Ce jeune homme, âgé aujourd'hui de dix-neuf ans environ, réside chez ses parents, à Cerizay. Son père est chef-cantonnier du canton. En l'année 1874 il fut saisi d'une hydropisie épouvantable jointe à une fièvre intermittente. Ces deux maladies le tinrent pendant deux longues années cloué sur un lit de douleurs. La première faisait des progrès incroyables. Le ventre du pauvre enfant en vint à grossir de dix centimètres par jour, d'après l'attestation du père lui-même qui, sur l'ordre du docteur Guinebertière, avait acheté un décamètre pour mesurer journellement les progrès du mal. On lui avait appliqué, sans aucun soulagement, plus de cent vésicatoires. Le médecin ne sachant que faire, demande à la famille la permission de consulter le célèbre docteur Dupuis. Celui-ci vient, voit l'enfant et conclut à la nécessité d'une opération. Le père et la mère s'y refusent. Ce fut alors que les pieux parents songèrent à Notre-Dame de Beauchêne.

M. Banassat promet une trentaine de visites, à jeun, à notre cher sanctuaire. Il les commence dès le lendemain et les poursuit sans interruption aucune. D'ordinaire il venait le matin, de bonne heure ; mais parfois ses occupations l'appelaient ailleurs, et il remettait sa visite à l'après-midi. Le trentième jour, entre autres, il vint après deux heures et demie. Il avait dû courir, dans la matinée, à Courlay, Moncoutant, la Ronde, Saint-Marceau et la Forêt. Le pauvre malheureux était parti de chez lui avant quatre heures ; aussi la faiblesse, la fatigue, la faim, lui causèrent-elles une faiblesse à la chapelle. Il se croyait mort. Si mon fils n'est pas guéri cette fois, dit-il, je ne pourrai plus continuer. Cependant, arrivé à la maison, il trouve l'enfant complètement sauvé. Déjà un mieux sensible s'était manifesté pendant la trentaine. Quelques jours après, le père, la mère et l'enfant venaient remercier Notre-Dame de Beauchêne d'avoir exaucé leurs prières.

H. G., 1877.

Il y a une quinzaine d'années H. G. de Saint-Mesmin-le-Vieux, Vendée, fut atteint d'une fièvre violente qui le conduisit en peu de temps aux portes du tombeau. Une nuit, entre autres, il eut un accès tellement fort qu'il fut nécessaire d'appeler quatre hommes vigoureux afin de le maintenir au lit. Dans la matinée il entrait en agonie, agonie épouvantable. La famille en pleurs priait autour de la couche du moribond avec quelques voisins et amis. Cependant on dépêche quelqu'un avertir Alexandre Marquet, le sacristain, de sonner les agonies. Le malade baissait de plus en plus. A un moment on le crut trépassé. On lui approcha, pour s'en assurer, une glace de la figure. Aucun signe de respiration. Alors un ami du malade, H. R., invoque Notre-Dame de Beauchêne, promet une certaine somme d'argent pour sa chapelle. Au bout de cinq minutes H. G. revient à la vie. Mme Falaizeau court aussitôt à l'église faire cesser les agonies. Une demi-heure plus tard le danger avait disparu entièrement. On a caché au malade le secret de sa guérison. Il l'ignore encore aujourd'hui. Puisse ce récit lui être connu et lui mettre en l'âme, avec la force de pratiquer ses devoirs religieux, une reconnaissance éternelle envers Notre-Dame de Beauchêne!

François Pallard, 1885.

Au sujet de la guérison de cet enfant, nous recevons de Saint-Amand-sur-Sèvre, canton de Châtillon, la lettre suivante écrite sous la dictée de la mère. François Pallard, aujourd'hui âgé de douze ans, était atteint, au mois de décembre 1885, d'une bronchite et de la rougeole. Il était depuis deux jours sans parole et sans connaissance. Le médecin, ayant visité le malade, déclara aux parents que si l'enfant ne recouvrait pas ses sens dans l'espace de vingt-quatre heures, il était perdu. Ce laps de temps allait expirer sans qu'aucun mieux ne se manifestât, lorsqu'on promit une neuvaine de *voyages* à pied à Notre-Dame de Beauchêne (Saint-Amand est à plus de quinze kilomètres de Beauchêne). Quelques instants après, l'enfant commençait à parler et à connaître les personnes qui l'entouraient. Dès le lendemain on commença la neuvaine de voyages, faits sans interruption, deux par la mère et sept par la bonne, au sanctuaire de Notre-Dame de Beauchêne. L'enfant avait alors cinq ans. Il fut bientôt rétabli. La famille Pallard demeure à l'Aveneau de Saint-Amand.

Saint-Amand, le 12 septembre 1892.

Léontine Toqueraud, 1891.

Léontine Toqueraud est née en février 1890, au village de Claveau *(clavis vallis)*, sur la route du Pin à Combrand. Première enfant d'un jeune ménage, la petite fille grandissait pleine de santé, choyée de ses parents pauvres dont elle était la plus douce joie. A seize mois, c'est-à-dire en mai 1891, des éruptions abondantes parurent sur le haut du corps et sur la tète de Léontine. Ces boutons énormes la faisaient affreusement souffrir en creusant profondément la chair où ils ont laissé des traces visibles encore aujourd'hui. En même temps, chacun des yeux était couvert par une tumeur de la grosseur d'un œuf de poule, nous dit la mère de l'enfant. On fit appeler le docteur Guinebertière, on porta la petite martyre à Cerizay; c'étaient des frais considérables et sans résultat. Les yeux démesurément gonflés ne voyaient plus la lumière du jour. Lorsqu'on entr'ouvrait les paupières, on ne découvrait au fond des yeux qu'un amas de pourriture qui coulait sans cesse sur les joues de la pauvresse. Cet état dura jusqu'en novembre 1891. La chétive créature, en proie à la fièvre, dépérissait chaque jour. Maintes fois la mère infortunée eut la pensée d'écrire à son mari, appelé à Parthenay, faire ses vingt-huit jours, pour le prier de venir embrasser une dernière fois leur enfant. Le jour de la Toussaint, la petite malade agonisait. Il est dur à une jeune mère de perdre son premier-né.

Pour conjurer ce malheur, elle a des secrets sublimes. Mon Dieu, dit cette femme à son père, nous avons essayé tous les remèdes humains ; aucun n'a réussi ; promettons un voyage à Notre-Dame de Beauchêne, elle guérira Léontine. Une heure après cette promesse, l'enfant était guérie.

Ce récit nous a été fait par l'heureuse mère, en présence de témoins qui en ont certifié l'exactitude.

JOSÉPHINE BOITEAU, 1892.

Dans la belle saison, il n'est pas rare de voir les mères de famille conduire à Notre-Dame de Beauchêne leurs petits enfants. Ils sont parfois si nombreux que leur babil et leurs cris troublent le recueillement des fidèles. On les amène pour demander à la bonne Vierge de les bénir et de leur donner la force de marcher. Plus d'un de ces petits, dont les jambes étaient incapables de tracer un pas, marchent et courent subitement devant l'autel de leur bonne Mère.

Joséphine Boiteau est une de ces enfants. Elle est née à la Petite-Boissière. D'une santé excessivement délicate et presque toujours souffrante, elle a déjà plus de treize mois et ne peut pas encore essayer un pas. Sa pieuse mère la conduit à Beauchêne le 4 juillet 1892. O ma bonne Mère, dit-elle à la sainte Vierge, vous qui avez été si heureuse de voir votre petit Jésus faire ses premiers pas, accordez-moi la grâce de voir ma fille marcher.

Aussitôt, la jeune Joséphine quitte les bras de sa mère et s'en va d'un pas assuré. Nous l'avons vue nous-même aller d'un bout à l'autre de la sacristie. Quatre ou cinq personnes dignes de foi ont été témoins du fait.

Augustine Morisseau, 1892.

Le 18 août 1892, neuf personnes de Pouzauges venaient en pèlerinage à Beauchêne remercier la sainte Vierge. Parmi elles se trouvait Augustine Morisseau, guérie miraculeusement par notre bonne Mère, à qui elle apportait ses deux bâtons devenus désormais inutiles. Elle les laissait en ex-voto à l'autel de Marie, avec l'inscription suivante écrite de sa main, et dont la vérité était attestée par huit témoins : Reconnaissance à Notre-Dame de Beauchêne qui m'a soulagée le 28 juillet 1892. Augustine Morisseau, 38 ans, au Plangé de Pouzauges, malade depuis 15 ans, ne marchant qu'avec des béquilles depuis six ans, marchant sans béquilles depuis le 28 juillet, à mon quatrième pèlerinage[1].

Beauchêne, le 28 juillet 1892.

CHAPITRE XIV

Excursions autour de Beauchêne. — Le Château de Puyguyon. — La Girardière. — Le Château de Saint-Mesmin-la-Ville.

Si le pèlerin de Notre-Dame de Beauchêne possède en son âme des goûts de touriste, il trouvera dans nos environs de quoi satisfaire sa curiosité. Il est bien permis, après avoir contenté sa

1. Les personnes qui connaîtraient d'autres guérisons miraculeuses obtenues par l'intercession de Notre-Dame de Beauchêne sont priées de nous les indiquer. Les noms des miraculés seront inscrits dans une prochaine édition de notre histoire de Beauchêne.

dévotion, de jeter un coup d'œil sur les beautés et les souvenirs du pays vendéen. S'il veut nous suivre, nous nous chargerons volontiers d'être son *cicerone*.

Puisque le temps est beau, prenons ensemble le chemin creux de Cerizay; tournons, au bout de trois cents mètres, sur notre gauche. Saluons à cet angle le *champ béni de l'Image*. C'est dans un châtaignier de cette pièce de terre que se reposa notre Madone, en 1794, quand elle revint d'elle-même de Cerizay. Le châtaignier portait lui aussi le nom de *châtaignier de l'Image*. Vous en avez aperçu un fragment à côté de l'autel de la Vierge. Admirons le feuillage et la verdure, écoutons le chant des oiseaux. Tout ici est le domaine de la Vierge, les arbres avec leurs rameaux, leurs fleurs et leurs fruits, les oiseaux chantent jour et nuit leurs hymnes à la Reine *de ces lieux*.

Nous voici à la voie ferrée. Elle aussi honore Marie en transportant dans les paroisses les missionnaires qui prêchent son culte. Traversons rapidement et achevons de monter vers la grand'-route. Dirigeons-nous à droite vers Cerizay. Cette masure en ruines, là, sur le chemin qui conduit à la *Rivière*, abritait jadis une madone. Des méchants ont brisé la statue; aujourd'hui la petite chapelle achève de disparaître. C'est un signe des temps mauvais. La foi baisse même chez nous. En voilà la preuve. Il faudrait restaurer cette chapelle. Ce serait peu de chose. Nous allons faire reproduire l'image de notre Vierge ; on en mettra une là ; elle bénira les champs ; les gens en passant se signeront et penseront à leur Mère du ciel.

Tout en causant, le chemin s'est fait. Nous parlions de Marie et de sa vieille chapelle du chemin. Il y avait là aussi, sous cet arceau, une petite Madone. Peut-être y avait-elle été déposée par la piété des seigneurs de Puyguyon. Nous tâcherons d'en placer une autre. Après avoir pleuré devant l'arceau, vide de sa vierge, entrons sous cette immense avenue de tilleuls. Q'uelle est belle ! Quelle vigueur dans ces arbres malgré leur vieillesse ! Comme l'œil se repose avec bonheur sous cette voûte immense ! Quel doux ombrage ! Le soleil, vous le voyez, est impuissant à percer de ses rayons brûlants ce dôme épais de verdure. Avançons jusqu'à l'extrémité.

Personne ne nous accusera d'audace. En Vendée l'étranger est partout chez lui. Jusqu'ici nous n'avons presque rien vu.

Franchissons cette barrière rustique et allons jusqu'au bout de l'avenue. Contemplez ces allées tirées au cordeau et se prolongeant dans des directions différentes. Ne vous semble-t-il pas à leurs détours rencontrer les anciens habitants de ces lieux ? Hélas ! ils ont disparu, et les quelques pierres en désordre, tout à votre gauche, là, sur le versant du coteau, sont peut-être tout ce qui reste aujourd'hui de leur vaste habitation.

Quel était au juste l'emplacement de la maison seigneuriale ? Était-ce ici où nous sommes, ou bien ces vieux murs, là-bas, indiquent-ils les ruines du vieux manoir ? Ces pierres amoncelées, cette cave-là, sur le penchant de la colline, marquent certainement une habitation. Ce n'était là sans doute qu'un chalet où l'on venait se reposer et jouir du magnifique horizon.

Les constructions en bas ont conservé un aspect grandiose. Les appartements sont encore nombreux et de bon goût. Vous remarquerez, entre autres, la belle tour du XVe siècle. Il en existait une autre à l'extrémité, derrière la cuisine, dont on aperçoit encore les restes. La salle à manger était sans doute cette pièce assez bien conservée. La cour, vous le voyez, a de vastes proportions ; le jardin lui-même est très étendu. Ses vieux murs sont bien de l'époque. Voilà tout ce qui reste aujourd'hui de l'ancienne splendeur.

Cette terre, une des plus importantes du pays, n'est plus sous la puissance des de Puyguyon. Les de Lescure eux-mêmes ne l'ont pas gardée. Elle a été vendue, ferme par ferme, à de petits propriétaires. Jusqu'au 29 septembre 1851, Mme de Chauvelin, fille de Mme Marie-Louise-Victoire de Donissan, veuve de Louis de la Rochejaquelein, y entretenait comme fermier général, pour la somme de dix mille francs, M. Edmond Cesbron. M. Alexis Barbaud avait acheté la métairie d'Appelvoisin dès le 14 avril 1850. Le 27 mars 1841, M. Jean-Baptiste Frouin s'était rendu acquéreur de la Bernelière. Ainsi se dissipent des fortunes, ainsi disparaissent des noms considérables. Un seul, dit-on, porte encore dans les veines du sang des de Puyguyon; c'est M. Joseph d'Oiron de Montmorillon. Ces murs ont abrité pendant des années le bienheureux Chevet de la Vierge. Ils ont été un reliquaire précieux. Voilà pourquoi nous ne contemplons jamais ces ruines sans une religieuse émotion.

La Girardière est une grande maison bourgeoise. Elle est placée sur la route de Cerizay à Châtillon-sur-Sèvre, à environ trois kilomètres de la première localité. Nous n'y dirigerons point nos pas ce matin, la course serait trop longue, d'autant que pour bien faire il serait nécessaire de pousser jusqu'à Combrand. Nous vous conterons donc en revenant le souvenir attaché à cette demeure, ou plutôt à l'endroit lui-même.

C'est là, il vous en souvient, que le général Marigny tomba sous les balles des Vendéens. Un sapin, à gauche du manoir, près des servitudes, indique le lieu où le héros vendéen rendit à Dieu son âme généreuse.

Au milieu du cimetière de Combrand, à deux kilomètres de là, sous une pyramide de granit, repose le corps du vaillant général. Une double inscription porte ce qui suit : Ci-gît Augustin-Étienne-Gaspard-Bernard de Marigny, né à Luçon, le 2 novembre 1754, lieutenant de vaisseau, général vendéen, chevalier de Saint-Lazare et de Saint-Louis, tué le 14 juillet 1794. *Requiescat in pace.* — Élevé au nom de l'amitié et de la reconnaissance par M. Augustin de Mont de Benque, son filleul et unique neveu, de concert avec Mme la marquise de la Rochejaquelein, veuve de Lescure, cousin et ami de Marigny.

On lit sur une couronne de laurier attachée à la tombe : Son petit neveu C. de Mont de Benque.

Reportons-nous maintenant par la pensée à cette triste page de nos annales vendéennes. Des désastres sans nom avaient épuisé nos forces. Notre effectif était réduit à quarante mille hommes, deux mille cinq cents chevaux et vingt pièces d'artillerie de campagne. C'était encore un chiffre assez respectable. Malheureusement ces troupes obéissaient à plusieurs chefs ; elles formaient cinq divisions, commandées par Charette, Stofflet, Marigny, Sapinaud et Fleuriot. On résolut de grouper les divers corps. Dans ce but, nos généraux se réunissent en conférence à Jallais. Ils voulaient nommer un généralissime auquel les autres chefs auraient obéi. Plusieurs déféraient cet honneur à Charette. Ils avaient compté sans l'abbé Bernier dont les intrigues firent avorter la conférence et amenèrent la perte de la Vendée. On convint simplement : 1° que chaque général serait maître dans sa division ; 2° qu'il ne pourrait rien entreprendre sans le secours de trois autres ; 3° qu'on réunirait toutes les forces disponibles dans l'intérêt commun ; 4° que nul rassemblement ne se dissoudrait ; 5° que nul chef ne se séparerait des autres avant d'avoir accompli la mission imposée ; 6° que la peine de mort atteindrait l'infidèle à ces serments. Aussitôt après on devait délivrer complètement l'Anjou des Bleus.

Au jour fixé, Marigny arrive avec ses troupes,

fatiguées d'une longue marche et mourant de faim. Il demande des vivres, on lui en donne une quantité dérisoire. Il se plaint tout haut; ses soldats menacent de le quitter. Soudain on lui annonce que les républicains mettent tout à feu et à sang dans les paroisses à la tête desquelles il est placé. A cette nouvelle, les siens se débandent; il part pour les réunir ou les suivre. On lui envoie un courrier pour le faire revenir. Ma division est dissoute, répond-il, je ne puis rien entreprendre. Marigny avait-il réellement tort de répondre ainsi ? Les faits n'étaient-ils pas évidents ? Qu'aurait fait un général sans soldats à commander ?

Sans s'arrêter à rien de semblable, Charette et Stofflet accusent Marigny de désertion. Un conseil de guerre, composé de vingt-trois généraux et officiers, se réunit pour juger le cas de Marigny. Charette et Stofflet signèrent la condamnation à mort, les autres s'y refusèrent. Lorsque Marigny eut connaissance de cet arrêt, il ne voulut pas y croire. « C'est pour m'effrayer, dit-il en souriant; jamais des Vendéens ne feront fusiller un Vendéen. » Hélas ! la chose était plus sérieuse que le général ne le pensait. Stofflet, l'infortuné Stofflet, s'était même offert pour exécuter la triste sentence.

Quelques jours plus tard, Stofflet se rendit à Cerizay. Quatre ou cinq cents paysans se réunirent pour l'attendre et défendre Marigny, s'il était nécessaire. Jamais, dit Marigny aux officiers qui lui apprirent la présence de Stofflet à Cerizay, jamais Stofflet n'osera me faire fusiller. Il l'osa, sur les conseils perfides de l'abbé Bernier, noús ne craignons pas de le dire.

Le 10 juillet 1794, Stofflet se rend à Combrand. De là il envoie un peloton de déserteurs allemands à la Girardière, avec ordre de tuer Marigny. Marigny, en voyant ces soldats, en apprenant l'ordre dont ils étaient chargés, demande un prêtre pour l'assister à ses derniers moments. Cette consolation lui est refusée. Il se recueille pendant cinq minutes, suit dans le jardin les Allemands qui doivent le mettre à mort, et dit avec un admirable sang-froid : C'est à moi à vous commander. A vos rangs, chasseurs. En joue, feu ! Et il expire[1].

Son acte mortuaire, sur les registres de la paroisse de Combrand, est ainsi conçu : « Le 10 juillet 1794, a été inhumé au cimetière de ce lieu le corps de Monsieur de Marigny (Auguste-Bernard) commandant dans l'armée catholique et royale,

[1] *Hist. de la Vendée militaire*, par J. Crétineau-Joly, tome II, p. 198.

mort à la Girardière, âgé d'environ quarante ans. Ont assisté à sa sépulture le nommé Hay, métayer à la Girardière ; le nommé Forestier, réfugié au même lieu ; Pierre Gamard, domestique au même lieu, et François Nau, réfugié à la Billardière, qui ne savent signer ».

Cette triste histoire termine notre promenade. Il est bon de la méditer. Si parfois la Providence nous réservait d'être les victimes d'une pareille injustice, ne murmurons pas, mais souvenons-nous qu'il y a au ciel un Dieu pour rendre à chacun selon ses œuvres. Là-dessus, au revoir jusqu'à l'après-midi. Nous ferons une excursion intéressante au château historique de Saint-Mesmin-la-Ville, sur la route de la Roche, à trois kilomètres d'ici.

Allons demander à notre bonne Mère, la Vierge de Beauchêne, de bénir notre sortie et nous nous mettrons en route. Prenons de préférence le petit chemin qui traverse la voie ferrée, et il est moins long que celui du *Gué de l'Épine*. Nous voici près de la chapelle des dissidents, disons un *De profundis* pour les morts qui reposent dans le cimetière voisin. Voyez-vous ce castel couvert en tuiles rouges, avec sa grosse tour et ses tourelles pointues, là à gauche, derrière les arbres ? C'est, dit-on, l'ancienne demeure de la famille Appelvoisin.

D'aucuns prétendent que de cette lignée était l'auteur de l'*Histoire du concile de Trente*, le cardinal Sforza Pallavicini. Quoi qu'il en soit de cette question historique, la terre dépendant autrefois de Puyguyon appartient aujourd'hui à M. Barbaud, archiviste à la Roche-sur-Yon. La maison est meublée dans le goût antique. Le site en est charmant. Rendons hommage au propriétaire qui en a fait un délicieux endroit d'habitation et de promenade. Malheureusement il a changé le nom d'Appelvoisin en celui des Appeaux. Nous ne voyons pas trop la raison. Deux fermes portent le nom d'Appelvoisin. Pour les distinguer on dit le grand et le petit Appelvoisin. Le petit est celui dont nous parlons, l'autre est sur le bord de la route. Or notre Appelvoisin fut donné à cette famille par les seigneurs de Puyguyon. Nous lisons en effet dans Dom Fonteneau que, le 21 janvier 1455, Jean d'Appelvoisin reçut de Guillaume de Puyguyon, écuyer, seigneur dudit lieu, l'hommage du Petit-Pelvezin, paroisse de Cerizay.

Laissons là, si vous le voulez, l'histoire du bon vieux temps et poursuivons notre route vers la Sèvre nantaise. Arrêtons-nous un instant sur le pont, à la limite des deux départements de la Vendée et des Deux-Sèvres. Nous avons sous les yeux le moulin de la Branle, plus loin le pont du chemin de fer et encore les Appeaux; derrière, le château de Montboisé, résidence de M. Henri Proust; au fond, le clocher de Montravers, à côté duquel on aperçoit le manoir de la Louisière, propriété de Mlle Berthe de Beauregard.

Nous voici en Vendée, terre des géants. Ici, partout des souvenirs. Au fond de cette avenue se trouve le hameau de Robineau. Il est bien déchu aujourd'hui. Là, il y a cent ans, résidait encore un véritable seigneur. Il se nommait Grellier. Précédemment la seigneurie relevait de Puyguyon. Nous trouvons dans l'histoire, comme seigneurs de Robineau, en 1445 Simon de Puyguyon, en 1501 Hugues de Puyguyon et en 1540 Nicolas de Puyguyon.

Nous apercevons déjà Saint-Mesmin-la-Ville, à notre gauche, et au bout de la route, là-bas, Saint-Mesmin-le-Vieux, la première paroisse de la Vendée, dont nous foulons le sol depuis le pont. Nous voici donc au pied du vieux château. Admirons cette immense tour, au pied de laquelle coule le Sevreau que nous avons déjà vu une première fois à Robineau. Ce petit cours d'eau forme la séparation des deux départements. Jetons un rapide coup d'œil sur ces murs en ruines, témoins muets de choses qui ne sont plus. Ici, les lierres s'y attachent avec force comme pour les soutenir. Là, ils menacent de tomber; ailleurs, ils montrent leurs flancs entr'ouverts. Dans quelques années l'aile du temps aura emporté une bonne partie de ce que nous voyons aujourd'hui. Le propriétaire, M. Paul Proust, ne veut rien dépenser pour le restaurer. Il semble pourtant que cette forteresse mérite un autre sort : elle a une si belle page dans notre histoire locale !

Ce château a été construit par Pierre de Montfaucon, seigneur de Saint-Mesmin, dont la baronnie relevait de Secondigny. Il appartenait jadis aux seigneurs de Parthenay. La forteresse ayant été bâtie sans l'autorisation du suzerain, Guillaume VII l'archevêque, celui-ci usa de son droit et commanda de la démolir ; mais la nécessité de se défendre contre les Anglais amena une transaction, le 5 mai 1375. Le seigneur de Parthenay consentit à la laisser debout, à la condition qu'elle serait démolie quand bon lui semblerait, sans que le seigneur de Saint-Mesmin eût à s'en plaindre [1].

1. *La Gâtine*, par Bélisaire Ledain, p. 178.

Nous n'avons rien appris depuis cette époque jusqu'au fait que nous allons vous raconter maintenant. C'était dans les derniers jours du mois d'août 1799. La Vendée, saignée à blanc par les républicains, était complètement épuisée. Semblable au moribond qui, avant de rendre le dernier soupir, se soulève encore sur son lit dans un accès fiévreux, ce malheureux pays lutta encore avec gloire dans plusieurs rencontres. Le fait qui se passa ici en est une preuve magnifique.

Plusieurs jeunes gens de Cerizay et des environs, excités par la présence des généraux qui se mettaient à la disposition de la Vendée, s'étaient assemblés pour attaquer un cantonnement. Les Bleus y apparurent dix contre un; ils repoussèrent, ils poursuivirent ceux qui les avaient bravés. Les royalistes allaient périr, lorsque les ruines du château de Saint-Mesmin s'offrent à eux comme un lieu d'asile. Ce manoir, fortifié jadis, n'avait pas même alors l'apparence d'une maison avec des murs en état de tenir une heure. Presque sans munitions, les Blancs se retirent dans ces débris de château. Ils étaient quarante, et, dans un sublime élan de dévouement, tous jurent de s'ensevelir sous les décombres de Saint-Mesmin, ou de n'en sortir que libres. Les Bleus arrivèrent. L'attaque commença, mais une de ces attaques furieuses où l'on ne prend point ses précautions pour perdre le moins de monde possible. Ils se ruèrent sur les anciennes fortifications avec une audace que leurs adversaires étaient les premiers à admirer. Les républicains furent repoussés ; la résistance devint plus énergique que l'attaque. L'ennemi alors s'imagina que les royalistes lui avaient tendu un piège, et que le château renfermait une nombreuse garnison. Deux pièces d'artillerie furent amenées pour battre ces vieilles murailles ; on tira des renforts de tous les cantonnements voisins. Lorsqu'il y eut une armée de plus de quatre mille hommes réunie devant le château, le siège se poursuivit avec plus d'acharnement. Pendant soixante heures les Vendéens soutinrent l'assaut ; ils tuèrent ou blessèrent un grand nombre de soldats ; mais, sous le feu des royalistes, les républicains mouraient sans reculer d'un pas ; ils mouraient en avançant toujours à la charge.

Bientôt la garnison manqua de balles et de poudre. Pendant ces trois journées de dévorante chaleur et de combat non interrompu, elle n'avait pas eu un morceau de pain pour assouvir sa faim, pas un peu d'eau pour étancher sa soif. Le feu s'était ralenti par degrés. Des coups de fusil, partant de temps à autre, comme un soupir d'une poitrine d'agonisant, révélaient leur détresse ; mais ils la révélaient sans que personne eût osé en faire part à ses frères d'armes. Ils étaient là, contemplant la mort, et la contemplant d'un œil ferme, lorque les officiers républicains, qui avaient enfin pu énumérer leurs pertes, et qui croyaient que ce repos momentané cachait une nouvelle attaque, firent proposer à la garnison une capitulation honorable. Elle stipulait que la garnison entière sortirait avec les honneurs de la guerre et se retirerait en toute liberté. La capitulation fut acceptée et signée ; les Bleus jurèrent de l'observer : ils furent fidèles à leur parole. La porte s'ouvrit. Quelle fut la surprise des assiégeants, lorsqu'ils virent sortir du château ces quarante jeunes paysans, noirs de poudre, harassés de faim. tombant d'insomnie, mais fiers encore de la lutte qu'ils venaient de soutenir ! Plusieurs étaient blessés, blessés à la tête ou à la poitrine. Les Patriotes s'étonnèrent d'un semblable courage ; ils comptaient avec effroi ces quarante hommes qui avaient tenu pendant trois jours contre une armée entière ; ils s'approchaient d'eux en signe d'amitié ; ils pressaient leurs mains ensanglantées.

Tous manifestaient hautement leur admiration; car, entrés au nombre de quarante dans le château, les royalistes en sortaient quarante. »

Nous voudrions vous citer ici par leurs noms tous ces braves. Nous avons fait bien des recherches à ce sujet, elles ont été à peu près infructueuses. Celui qui avait l'honneur de les commander était Péault, garde champêtre à Saint-Mesmin-le-Vieux. Sa famille habite encore la localité. Nous avons tiré de l'oubli cependant Louis Belloir des Bourrelières et Mouchard des Merlatières. Le premier fit toute la guerre, assista, nous dit sa fille, à plus de cent batailles et notamment à celle du Moulin-aux-Chèvres. Recherché par les Bleus qui voulaient le tuer, il vit brûler sous ses yeux sa ferme des Bourrelières. On ne le trouva pas; il était caché dans les genêts; cependant on passa à quelques mètres seulement de lui.

Pendant ce combat, digne des plus belles journées de la *Grand'Guerre*, les pères, les mères, les frères et les sœurs de ces jeunes gens demandaient à Notre-Dame de Beauchêne sa toute-puissante protection. Eux-mêmes, dit-on, vinrent peu après rendre grâce, dans sa chapelle, à Celle qui est forte comme une armée rangée en bataille.

Bonne Vierge de Beauchêne, nous avons écrit ces quelques pages pour vous faire connaître et vous faire aimer davantage encore dans cette contrée, où l'on a tant confiance en votre maternelle sollicitude. Puissions-nous voir réunies autour de votre autel, dans votre temple agrandi et embelli, des foules de plus en plus nombreuses ! Bénissez la France, votre royaume, bénissez particulièrement votre cher pays de Vendée.

CANTIQUES

A

NOTRE-DAME DE BEAUCHÊNE

HISTOIRE DU PÈLERINAGE

Air : *Tu le chéris donc bien...?*

1

Tu le chéris donc bien, ô Vierge immaculée,
Ce pays plein de foi, de vaillance et d'amour
Que ton cœur maternel se choisit pour séjour,
Ce côteau souriant et cette humble vallée ?

2

Un chêne au tronc noueux, creusé par les années,
Auprès d'une onde pure attira ton regard.
Un bœuf gras et luisant s'y tenait à l'écart,
Sous cet ombrage frais, par les chaudes journées.

3

Son maître, le voyant lécher l'écorce amère,
Puis lever ses grands yeux vers le feuillage épais,
Découvrit, en cherchant dans ce coin sombre et frais,
Votre statue aimable, ô douce Vierge Mère.

4

Bientôt en cet endroit, à genoux sous le chêne,
La foule d'invoquer la Reine des humains ;
Et le long des sentiers, partout, sur les chemins,
On bénissait en chœur la Vierge de Beauchêne.

5

On racontait le soir, au feu de la veillée,
Les miracles touchants de la Reine des cieux ;
Et les petits enfants, bouche bée et joyeux,
Avaient de son portrait leur âme émerveillée.

6

Ses yeux étaient d'azur, son front couvert d'un voile ;
Sur ses traits délicats se peignait sa bonté ;
Ses lèvres souriaient avec suavité,
Et son Jésus posait sur sa tête une étoile.

7

Un sieur de Puyguyon, au cœur noble et fidèle,
Près du chêne fameux élevait un arceau ;
Il y mit la statue, et ce premier berceau
Se parfuma du bien que chacun disait d'elle.

8

Plus tard, cet humble arceau, se vieillissant, fit place
A l'église aux trois nefs où nous chantons l'Ave ;
Là reposa longtemps le bien-aimé *Chevet*
Dont on voit la copie au fond dans la rosace.

9

Sur ce chevet, lorsqu'elle était enfant, Marie,
S'endormit bien souvent de son léger sommeil :
Et Jésus aussi lui posa son front vermeil
Sur le tapis soyeux de l'étoffe fleurie.

10

C'étaient les temps heureux ! Sous la voûte en ogive
Retentissaient les chants et les motets latins ;
De bons religieux, chanoines Augustins,
Au blanc rochet, guidaient cette foule naïve.

11

Mais l'orage survint et notre pauvre France,
Souillant, comme à loisir, ses pieds, ses mains, son front,
Acceptait de l'impie et le joug et l'affront...
Mais quand la France meurt, l'Église est en souffrance.

12

Pendant des jours trop longs, Satan, plein de furie,
Masquant sous de grands mots son dessein criminel,
Renversa l'un sur l'autre et le trône et l'autel ;
Il aurait triomphé sans la Vierge Marie.

13

Alors nos vieux héros vinrent dans ta chapelle,
Et tu fortifiais leur courage et leur bras :
Quand ils tombaient martyrs, Mère, tu leur montras
En haut ton fils Jésus dont la voix les appelle.

14

L'orage a disparu, la tempête est passée,
Dans le temple aujourd'hui les enfants d'Augustin
Font revivre à nouveau l'ardeur du temps lointain.
Par eux revit ta gloire un moment éclipsée.

15

Mais en retour sois-leur, ô Vierge de Beauchêne,
Secourable en tout temps, bienfaisante en tout lieu.
Ils atteindront par toi plus facilement Dieu :
Tels, de petits oiseaux, blottis au creux d'un chêne !

L.-D. V. Bonneau,
Chan. rég. de Lat.

LE SALUT DES PÈLERINS

Air : *O Vierge, fontaine et rocher...*

1

Salut ! asile bien-aimé,
Sainte Chapelle, où notre Mère

Recueille l'encens parfumé
De notre prière éphémère !

Refrain : Ave ! Ave ! Maria !

2

Salut ! Vierge pleine d'amour !
O toi, que toute langue appelle !
Salut ! Reine ! Quel heureux jour
On passe ici dans ta chapelle !

3

Près de toi nous aimons venir,
Car nous te savons attendrie
Par le plus petit souvenir
Que nous t'offrons, Vierge Marie.

4

Sur nos chemins pleins de péril,
Vers le ciel notre âme soupire :
Mais nous sentirons moins l'exil,
Quand notre âme est sous ton empire !

5

Si nos aïeux furent si grands,
C'est que tu les guidais dans l'arène
Dans nos combats et dans nos rangs
Lutte avec nous, ô notre Reine !

6

Rentrés plus forts dans nos foyers,
Bénis par tes mains maternelles,

Un jour nous irons à tes pieds
Jouir des beautés éternelles.

D F. Bonnard,
Ch. rég. de Lat.

LA VIERGE AU CHÊNE

Air : *Reine de France...*

Refrain : O Notre-Dame,
Ranime en moi
La sainte flamme
Des combats de la foi.

1

Le tronc du chêne où brille ton image
Ce sont nos cœurs de Vendéens pieux ;
De notre foi nous te faisons hommage,
C'est un or pur qui nous vient des aïeux.

2

Comme le chêne aux racines profondes
Oppose au vent ses longs et larges bras,

Tel notre amour, ô Satan, quand tu grondes,
Plonge en Marie, et lors, ne te craint pas.

3

On aura beau calomnier l'Église,
Jeter la boue à ce que nous aimons :
Sur le rocher nous la savons assise :
Laissons hurler le monde et les démons.

4

Nous aimons Dieu sur notre vieille terre,
Son divin Fils et le Pape, un vrai Roi,
L'Eucharistie et chaque doux mystère
Qu'on nous enseigne au nom de notre Foi.

5

Pendant qu'ailleurs la Foi vacille et penche,
Dans la Vendée on se met à genoux ;
On vient prier son Dieu chaque Dimanche :
On sait encore communier chez nous.

D. F. Bonnard,
Ch. rég. de Lat.

LA CROISADE

Air : *Catholique et Breton toujours !*

Refrain : Dieu le veut ! Croisés de Marie,
De lutter pour l'Église acceptons le mandat.

La prière est notre arme, et quiconque la prie
De Marie est le vrai soldat. (*bis.*)

1

Avant la croisade prochaine,
Nos pères, les preux chevaliers,
Venaient, ô Vierge de Beauchêne,
Puiser du courage à tes pieds.

2

Une autre guerre nous effare,
Celle des ennemis de Dieu,
Et quand ils sonnent leur fanfare,
Sachons-le, notre âme est en jeu !

3

Fils des croisés, genoux en terre,
Dans une attitude d'honneur ;
Rien n'ennoblit le caractère
Comme d'adorer le Seigneur !

4

Soldats du Christ et de l'Église,
Ouvrons la route à notre Dieu :
Et notre France reconquise
Resplendira d'un nouveau feu !

5

De nos prières redoublées
Frappons le ciel tous à la fois,

Le ciel se plaît à ces mêlées
De toutes nos pieuses voix.

6

Le Christ règnera dans notre âme,
Dans la famille, à son foyer ;
Car la croix, ce noble oriflamme,
Bénit qui sait la déployer !

7

O Vierge sainte de Beauchêne,
Témoin des faits de nos aïeux,
Que ton sourire nous enchaîne
A ton service glorieux !

8

Dussions-nous combattre sans gloire,
Que, sous ton drapeau parfumé,
De la Sèvre jusqu'à la Loire,
Ton Jésus soit le mieux aimé !

D. F. Bonnard,
Ch. rég. de Lat.

LE CHEVET DE LA VIERGE

Air : *Tendre Marie, Mère chérie...*

Refrain : Vierge fidèle,
Oh ! sous ton aile
Comme on s'endort en paix !
Quand je sommeille,
O Mère, veille
Tout près de moi, tout près ! *(bis.)*

1

Oh ! qui comptera les louanges
Et le murmure harmonieux
Qu'au milieu d'une troupe d'Anges
Le soir Marie offrait aux cieux ?

2

Que son souffle avait d'harmonie,
Pur comme un zéphyr matinal !
Qui dira la grâce infinie
De son visage virginal ?

3

Oh ! comme la Vierge était belle,
Quand, appuyée à son chevet,
De Dieu, de la vie éternelle,
Les mains jointes, elle rêvait !

4

Bénis, ô Mère vigilante,
Chaque soir, notre doux sommeil !
Et que l'heure paisible et lente
Nous conduise purs au réveil !

5

Avec les mères inquiètes
Ferme l'œil des petits enfants ;
Réserve pour ces blondes têtes
Des couronnes de cheveux blancs.

6

Sur le lit où l'adolescence
Repose son front enflammé
Sème le lis de l'innocence
De ton saint amour parfumé.

7

Dans les rêves de la jeunesse
Fais luire ton regard si doux,
Garde pour une pure ivresse
Ces cœurs dont le monde est jaloux.

8

Sur ces sommeils aux yeux humides,
Lassés des labeurs quotidiens,
Sur ces fronts creusés par les rides,
Fais briller l'espoir des chrétiens.

9

Au crépuscule de la vie,
Au seuil de ce ciel tant vanté,
Laisse voir à l'âme ravie
Le repos de l'éternité !

D. F. Bonnard,
Ch. rég. de Lat.

LA VIERGE DES ENFANTS

Air : *Bonne Marie, Mère chérie...*

Refrain : Mère, je t'aime
Plus que moi-même,
Plus que toute chose ici-bas.

Oh ! quand le monde
Près de moi gronde
Ouvre-moi ton cœur et tes bras.

1

J'aime les fleurs, bonne Marie,
Les fleurs que j'offre à ton Jésus,
J'aime les fleurs de la prairie ;
Mais je t'aime encore bien plus.

2

J'aime les oiseaux, la verdure,
Les chants, les parfums, les couleurs ;
Mais les trésors de la nature
Sont à toi comme tous les cœurs.

3

J'aime ces cœurs pleins de tendresse
Que Dieu m'a donnés à chérir ;
Mais quand vers eux mon cœur s'empresse
C'est toi que je vois accourir.

4

Bénis, ô Reine familière,
Les bien-aimés de nos foyers,
Lorsque le soir, dans la prière,
Nous sommes ensemble à tes pieds.

5

Garde au printemps de notre vie
Nos âmes sans fangè et sans fiel,

Quoique le monde nous convie
A l'aimer plutôt que le ciel !

6

Bénis les chères espérances
Qui se reposent sur nos fronts ;
Dans la joie et dans les souffrances,
Mère, toujours nous t'aimerons.

D. F. Bonnard,
Ch. rég. de Lat.

LA VIERGE-REINE

Air : *Vois à tes pieds, Vierge Marie...*

Refrain : Oui toujours, Vierge souveraine,
Nous chanterons ton sceptre et tes bienfaits :
Amour et gloire à notre auguste Reine !
Nous ne l'oublierons jamais
Non, non (*ter*) jamais ! (*ter.*)

1

Sois notre Reine, ô Vierge sainte ;
Nous affirmons sur nous tes droits

Et nous jurons dans cette enceinte
D'être fidèles à tes lois.

2

Règne sur nous : que ta couronne,
Lumineuse comme un soleil,
Dans la nuit qui nous environne
Écarte de nous le sommeil.

3

L'enfer, hélas ! et son armée
Jettent l'insulte à Jésus-Christ ;
Mais nous, notre âme est enflammée
De son noble et divin esprit.

4

Réveille en nous l'ardeur antique
Pour les saints et nobles combats :
Ils la puisaient sous ton portique
Nos pères, tes vaillants soldats.

5

Soutiens les fils dans la mêlée,
Et notre troupe, grâce à toi,!
Ne sera jamais accablée
Par les ennemis de la foi.

6

Règne en paix sur notre Bocage,
Fier de ton amour maternel,

Et conduis-nous au vrai rivage
Des cieux, au repos éternel.

D. J. Biteau,
Ch. rég. de Lat.

LA VIERGE CONSOLATRICE

Air : *Encor moi, toujours moi, Marie...*

1

La douleur de son onde amère
Envahit mon cœur accablé
Et pour me sourire, ô ma Mère,
Plus rien dans ce monde troublé...
Les amis passent comme l'ombre,
Oublieux même de leur serment.
Je suis seul !... et tout se fait sombre : } *bis.*
J'ai peur de mon isolement. }

2

Seul, ô Vierge, que puis-je faire ;
Seul, désormais que devenir ?
Oh ! qu'il est doux le cœur d'un frère

Pour consoler et soutenir...!
Il est vrai que je suis coupable,
Pardonne mon égarement ;
Aide-moi, Vierge tant aimable : } *bis.*
J'ai peur de mon isolement.

3

La vanité m'offre ses charmes,
Mais j'ai goûté ses faux plaisirs :
Ils se terminent par des larmes.
Plus haut se portent mes désirs...
Mon cœur, fatigué du fragile,
Las du bonheur d'un seul moment,
A Jésus demande un asile } *bis.*
Pour finir mon isolement.

4

Je sens renaître mon courage
Et les forces me revenir :
Si l'enfer mugit avec rage,
Ton bras est là pour me bénir...
Couvre-moi de ta sainte égide,
Car je suis trop faible vraiment.
Si Jésus de sa main me guide, } *bis.*
Je ne crains plus l'isolement.

5

Et puisque dans ce sanctuaire,
O Vierge, on obtient tout de toi,
Toi qui souffris sur le Calvaire,
Vois ceux qui souffrent comme moi.

Que de cœurs pleurent en ce monde !
Mère, console leur tourment.
Verse-leur une paix profonde, } *bis.*
Défends-les de l'isolement !

D. J. Biteau,
Ch. rég. de Lat.

LA VIERGE DES COMBATS

Air : *Nous voulons Dieu...*

1

Je veux le ciel et de ce monde
Méprisant tous les vains lauriers,
Je serai, si Dieu me seconde,
O Vierge, parmi tes guerriers !

Refrain : O Reine des armées,
Guide et soutiens nos pas.
Tant de guerres sont allumées } *bis.*
Que sans toi nous ne vaincrons pas.

2

Mon âme est jeune et les années
Exciteront ma sainte ardeur.
Oui, de tes armes fortunées
Je veux revêtir la splendeur.

3

Oh ! qui me donnera le monde !
Je veux le donner à Jésus,
Pour que, d'amour divin féconde,
La terre enfante des élus.

4

Pour mon âme de gloire avide
C'est peu d'un monde à conquérir ;
L'univers de gloire est trop vide.
Il faut le ciel ! Je veux mourir !

5

O Vierge, commande à mon glaive,
Ordonne à mon bras d'immoler.
Sur qui veux-tu que je le lève ?
Dis, vers quel ennemi voler ?

6

Tu me réponds par ces phalanges
Qui peuplent aujourd'hui les cieux,
Et, triomphant avec les anges,
Ici-bas luttaient sous tes yeux.

7

Tu me réponds par ces armées
Qui firent trembler le croissant
Sur ces terres toutes semées
De tes pleurs et du divin sang.

8

O Notre-Dame de Beauchêne,
Toi qui rappelles ces exploits,
Des opprimés brise la chaîne ;
Ils combattront comme autrefois.

9

Ils combattront sans peur, sans trève
Et, leurs adversaires défaits,
Ils verront s'accomplir leur rêve,
Celui de chanter tes bienfaits.

D. J. Biteau,
Ch. rég. de Lat.

LA VIERGE DES CHAMPS

Air : *Le ciel est noir, la terre est blanche.*

1

Veille sur nos champs du Bocage,
Ils sont tiens, bénis leurs sillons ;

Nous aimons à te faire hommage
De ces champs que nous travaillons.

Refrain : Vierge des champs, repose-nous,
Toi, de Beauchêne
La Souveraine
Au cœur si doux,
Vierge des champs, repose-nous.

2

Souviens-toi, Vierge de Beauchêne,
Que sur nos champs, aux jours de foi,
Ta maîtrise était notre chaîne :
De ton domaine souviens-toi.

3

Quand du blé vert les jeunes tiges
Dérobent le sol à nos yeux,
Accomplis en eux des prodiges
Et bénis-les du haut des cieux.

4

Si parfois un soleil torride
Fait pâlir leur fraîche couleur,
Que ta voix du ciel trop aride
Chasse la mortelle chaleur.

5

Ou si de trop fréquents orages
Nous inquiétaient à présent,
Impose silence à leurs rages ;
Ramène un soleil bienfaisant.

6

Et lorsque de leur moisson mûre
Resplendissent les épis d'or,
Reçois les hymnes que murmure
Le moissonneur de ce trésor.

7

Veille sur les champs de la ferme ;
Avec le pain de chaque jour,
Le pain du sacrifice y germe,
Le pain céleste de l'amour..

D. J. Biteau,
Ch. rég. de Lat.

LA VIERGE DU ROSAIRE

Air : *A vos genoux l'Église se prosterne...*

1

La voix du Pape au fond de nos poitrines
A retenti comme un ordre des cieux,
Et de Satan les perverses doctrines

Courbent déjà leur front audacieux.
Vaillants croisés, amis du sanctuaire,
L'élu de Dieu vous arme du Rosaire ;
Ne craignez pas, le ciel est avec vous
Et le Seigneur dirigera vos coups.

2

Nous marcherons sans reproche et sans crainte,
La croix au front, le Rosaire à la main,
Et sans rougir, fiers de notre foi sainte,
Face au mépris, face au respect humain,
Nous monterons, malgré notre misère ;
L'on peut encor, Vierge, avec ton Rosaire,
Des ennemis affronter les regards
Et de la foi défendre les remparts.

3

En répétant le salut angélique,
Au fond des cœurs depuis longtemps gravé,
Les Vendéens, dans leur lutte héroïque,
Te saluaient de leurs pieux *Ave*.
Et nous aussi, Vierge, douce guerrière,
Nous ouvrirons par une humble prière
L'ardent combat que désirent nos cœurs,
Et par ton bras nous serons les vainqueurs.

4

Oui, le Rosaire à la foi catholique
Rendra l'éclat, la gloire d'autrefois ;
Et de nos jours un nouveau Dominique
Ploiera l'orgueil des nouveaux Albigeois.

Un chant sacré, le chant de la patrie,
Proclamera ta victoire, ô Marie,
Et nous dirons, l'âme pleine de feu,
Que le Rosaire est puissant comme Dieu.

D. J. BITEAU,
Ch. rég. de Lat.

LA NATIVITÉ DE LA VIERGE

(FÊTE PATRONALE DE BEAUCHÊNE)

Air : *Salut, ô Vierge immaculée...*

1

Dites-moi pourquoi les ténèbres
Remontent-elles vers les monts ?
Et pourquoi nos torches funèbres
Échappent-elles aux démons ?
L'aurore enfin chasse la nuit profonde :
Marie est née : et Jésus va venir.

REFRAIN : Charmante enfant, déjà Reine du monde,
Étends sur nous ta main pour nous bénir.

2

La tache de notre origine
Ne fait point d'ombre à son berceau :
Sur cette Enfant le ciel s'incline,
Dieu se mire en ce cœur si beau...
Déjà l'espoir ici-bas surabonde :
Marie est née : et Jésus va venir.

3

Quelle douce voix argentine !
Que d'amour déjà dans ces yeux !
Car Dieu pour mère se destine
Ce trésor cueilli dans les cieux.
De doux rayons dorent sa tête blonde :
Marie est née : et Jésus va venir.

4

Son regard, dans son auréole,
Monte d'abord vers le beau ciel ;
Mais sa pensée aussi s'envole
A travers ce monde mortel.
Auprès du gouffre où le noir Satan gronde,
Elle nous dit que Jésus va venir.

5

Tendre enfant qui sur le Calvaire
De ton Jésus dois recevoir
Ce cher titre de notre Mère

Avec son amoureux devoir ;
Pauvres enfants de ta douleur profonde,
Réchauffe-nous à ce grand souvenir.

6

Au sanctuaire de Beauchêne
Nous nous retrouvons aujourd'hui ;
Notre cœur à ton cœur s'enchaîne :
C'est notre joie et notre appui !
Mère d'amour, que ton cœur nous réponde,
Au ciel un jour daigne nous réunir.

Dernier refrain : Reine du ciel, Souveraine du monde,
Auprès de toi daigne nous réunir.

D. F. Bonnard,
Ch. rég. de Lat.

LA VENDÉE A MARIE

Air : *La Vendéenne.*

Refrain : Vierge Marie, astre de nos victoires,
Les Vendéens aiment leur vieil honneur :
La vieille foi, les vieilles gloires
Vivront toujours dans notre cœur.

1

Sur la Sèvre aux mille replis,
Sous les chênes de nos bocages,
Sur les châteaux et les villages
De ton drapeau flottent les plis. (*bis.*)

2

Les Vendéens savent encor
Dire l'*Ave* des jours prospères,
Comme faisaient jadis leurs pères
Avant de courir à la mort. (*bis.*)

3

Quand l'Angelus, trois fois le jour,
Vibre de colline en colline,
Le front des Vendéens s'incline
Pour te redire son amour. (*bis.*)

4

Chaque soir, au retour des champs,
Près de l'âtre où le feu pétille,
Nous nous retrouvons en famille
Pour t'offrir nos cœurs et nos chants. (*bis.*)

5

Nous aimons au bord du chemin
T'élever un arceau rustique
Pour y murmurer un cantique
Et nous incliner sous ta main. (*bis.*)

6

Nous accourons à flots pressés
Dans les murs de tes sanctuaires,
Pour cueillir sur les vieilles pierres
Les parfums des âges passés. (*bis.*)

7

Fils de héros, fils de martyrs,
Dans cette enceinte de Beauchêne,
Jurons d'ajouter à la chaîne
De leurs sublimes souvenirs. (*bis.*)

8

Enflammons-nous à son autel
Du feu sacré qui fait les braves ;
L'enfer a déjà trop d'esclaves :
Nous, marchons libres vers le ciel. (*bis.*)

D. F. Bonnard,
Ch. rég. de Lat.

ADIEUX ET SERMENTS

Air : *N'est-ce pas toi, bonne Marie...?*

1

Pourquoi quitter ce doux asile
Qui fleurit tout notre horizon ?

Si loin de toi mon pied s'exile,
Mon cœur reste dans ta maison.

REFRAIN : A ton autel, Vierge Marie,
Mes regards seuls disent adieu :
Car nous jurons, Vierge chérie,
De te bien aimer en tout lieu.

2

Le ciel n'est donc point de la terre,
Puisque, même en ce lieu béni,
Où tout est joie et doux mystère,
Un bonheur est si tôt fini !

3

Heureuses les âmes d'élite
Qui forment ta garde d'honneur !
Que leurs jours doivent passer vite !
Car près de toi c'est le bonheur.

4

Et nous dans la poudreuse arène,
Où se meut le monde ici-bas,
Il nous faut, Vierge souveraine,
De nouveau diriger nos pas.

5

Lorsque sous cette antique voûte
Ne résonneront plus nos chants,
Écarte loin de notre route
Les pièges trompeurs des méchants.

6

Quand du dernier pèlerinage
L'heure attendue aura sonné,
Donne-nous au but du voyage
Le Dieu qui pour nous s'est donné.

D. J. Biteau,
Ch. rég. de Lat.

NOTRE-DAME DE BEAUCHÊNE

Air : *Ave, Maria, gratia plena.* .

1

Peuple fidèle
Plein d'un beau zèle,
Accours vers Celle
Qui règne aux Cieux.
Sous chaque chêne,
Jusqu'à Beauchêne,
Forme une chaîne
D'anneaux pieux.

2

Dans le feuillage
D'un vieux village,
Qu'importe l'âge ? —

Vois ce couvent.
Passe la Sèvre ;
Et de ta lèvre
Chante avec fièvre
Cet air vivant.

3

Une humble église
De teinte grise
S'ouvre à la brise
Sur le chemin.
C'est là, Marie,
Que l'âme prie
Et qu'attendrie
Tu tends la main.

4

Sous cette ogive
L'âme plaintive
Sans cesse avive
Ses vœux ardents.
Et ton sourire,
Quand on soupire,
Semble nous dire :
Je vous entends.

5

A ton image,
Ici, tout âge
Offre l'hommage
Que l'on te doit.

Ton Jésus même,
Grâce suprême !
Vers toi qu'il aime,
Lève son doigt.

6

Crainte éphémère,
Fuyez, chimère,
Car notre Mère
Respire et vit.
Toute détresse
Court et s'empresse
Vers sa tendresse
Qui nous ravit.

7

Mère honorée,
Cette contrée
T'est consacrée
Depuis longtemps.
Quoique l'on craigne,
Ton culte y règne :
Sous ton enseigne
C'est le printemps !

8

Cette Chapelle,
Le cœur l'appelle,
La voix l'épèle
Ton cher séjour.

Et qu'il le veuille
Chacun y cueille
Feuille par feuille
Un trait d'amour.

9

Ton nom rayonne
Sur cette zone,
Et sans automne
Toujours fleurit.
C'est un royaume
Où l'on s'embaume
Au doux arome
De ton esprit.

10

Par chaque route
Vois comme toute
Ame en déroute
Accourt ici.
Puis, apaisée
Et reposée,
Sa voix aisée
Te dit : Merci !

11

Longtemps muette,
Hélas ! sans fête
Cette retraite
Où tu te plais,

Comme une aurore
Retrouve encore
Le bruit sonore
Des chapelets.

12

Aux blancs lévites
Que vous revîtes,
Portes bénites,
Rien n'est fermé.
Et leur voix grave,
Libre d'entrave,
Autour d'eux grave,
Ton culte aimé

13

Sur cette croupe
Du vallon, groupe
Toute la troupe
De tes enfants.
Et dans l'arène
Où Dieu l'entraîne,
Souris-lui, Reine,
Et la défends !

F. DE SAINT-MESMIN.

FIN.

TABLE DES MATIÈRES

TABLE DES CANTIQUES

Nantes. — Imp. Émile Grimaud.

www.ingramcontent.com/pod-product-compliance
Ingram Content Group UK Ltd.
Pitfield, Milton Keynes, MK11 3LW, UK
UKHW020325230726
13925UKWH00002B/634